Frontières et Gouvernance sécuritaire pour le développement économique de la République Démocratique du Congo

5-7, rue de l'École-Polytechnique, 75005 Paris

http://www.librairieharmattan.com
diffusion.harmattan@wanadoo.fr
harmattan1@wanadoo.fr

ISBN : 978-2-336-29761-3
EAN : 9782297613

Sous la direction de
Jean-Marie Dikanga Kazadi et Emmanuel Banywesize

Frontières et Gouvernance sécuritaire pour le développement économique de la République Démocratique du Congo

CLD-Éditions

L'Harmattan

Actes des Journées scientifiques organisées par le Ministère provincial de l'Intérieur de la Province du Katanga et l'École supérieure de la gouvernance économique et politique, Ecopo en sigle

Lubumbashi, Katanga, du 18 au 19 mars 2013

Sommaire

Notes sur les auteurs

Adalbert Kitopi Kimpinde est docteur en Droit de l'université de Lubumbashi. Ancien Vice-doyen de la Faculté de droit, il est professeur de droit fiscal à l'université de Lubumbashi et à l'École supérieure de la gouvernance économique et politique. Il a été Conseiller juridique du Gouverneur de la province du Katanga.

Aimé Ngoi Mukena Lusa-Diese est docteur en Philosophie politique de l'université de Lausanne (Suisse). Gouverneur honoraire de la province du Katanga, ancien Député national, il mène actuellement de front sa carrière de professeur de philosophie politique à l'université de Lubumbashi, en plus de ses fonctions d'Administrateur à la Société nationale de chemin de fer du Congo (SNCC).

Boubacar Tankoano est docteur en Droit en Sorbonne (Paris-Panthéon). Fonctionnaire international, il est le Responsable du bureau des Affaires politiques de la MONUSCO à Kalemie (au Katanga).

Charlotte Bizige est religieuse catholique. Dynamique dans le domaine des enseignements sur la réconciliation et la paix, elle est en même temps Recteur de l'Institut Facultaire Malkia à Lubumbashi. Elle prépare une thèse de doctorat en Psychologie sociale.

Donatien Dibwe Dia Mwembu est docteur en Histoire de l'université Laval (Canada). Spécialiste de l'histoire des populations, il est professeur à l'université de Lubumbashi et à l'École supérieure de la gouvernance économique et politique. Il est aussi membre correspondant de l'Académie Royale des Sciences d'Outre-mer (en Belgique). Il a publié des livres et des articles sur l'Union Minière du Haut-Katanga (la Gécamines), sur les problèmes des mémoires et sur la réconciliation entre les communautés vivant au Katanga.

Eddie Tambwe est docteur en Sociologie du pouvoir et en Sciences de la Communication. Professeur des universités (Ifasic, Unikin), il est chercheur associé à l'Université Paris 7 Denis Diderot.

Emmanuel Banywesize Mukambilwa a fait des études de Philosophie à l'université de Lubumbashi. Il est docteur en Sciences sociales de l'université Paris V Descartes et chercheur associé au *Centre*

Edgar Morin (en France). Il est professeur à l'université de Lubumbashi et à l'École supérieure de la gouvernance économique et politique dont est Directeur Général. Il a publié des articles et contribué à des livres collectifs parus en Roumanie, en France, au Mexique et au Brésil.

Ferdinand Muhigirhwa est Jésuite. Il est docteur en philosophie. Ancien Directeur de CEPAS et ancien rédacteur en Chef de la revue *Congo-Afrique*, il est actuellement Directeur du *Centre Pedro Arrupe* à Lubumbashi. Il a donné des conférences et participé à des Forums sur la bonne gouvernance et sur le secteur minier en République démocratique du Congo. Il est également co-auteur de plusieurs livres.

Gaspard Muheme Bagalwa a fait des études d'économie du développement à Louvain. Il est docteur en Économie de l'université Laval. Il est professeur à l'université de Lubumbashi et à l'École supérieure de la gouvernance économique et politique, où il enseigne les Finances publiques. Il a publié des articles et des livres sur l'économie informelle.

Germain Ngoie Tshibambe est docteur en Relations internationales de l'université de Lubumbashi et Doyen de la Faculté des Sciences sociales, politiques et administratives. Il est professeur des relations internationales africaines. Il a publié des articles scientifiques et a contribué à des livres collectifs sur la politique, la résolution des conflits et les relations internationales.

Jean-Marie Dikanga Kazadi est docteur en Sciences de communication et de l'information. Il est professeur à l'université de Lubumbashi. Il a coordonné deux livres consacrés à la République démocratique du Congo et publiés aux Éditions L'Harmattan. Ancien journaliste à la Radiotélévision nationale congolaise, Ambassadeur honoraire de la République Démocratique du Congo en Zambie, il est Ministre de l'intérieur dans la province du Katanga.

Philippe Biyoya Makutu est docteur en Relations internationales de l'université de Lubumbashi. Il est professeur aux universités. Politologue, il est Directeur du *Centre d'études politiques en Afrique centrale* (CEPAC). Il est auteur de plusieurs études scientifiques consacrées à la géopolitique et à la diplomatie de la République démocratique du Congo.

Introduction
Horizon génétique et sens du livre

Jean-Marie Dikanga Kazadi et Emmanuel Banywesize

L'écriture de ce livre s'origine dans les journées scientifiques organisées à Lubumbashi du 18 au 19 mars 2013, sur la thématique " *Frontières et Gouvernance sécuritaire pour le développement économique de la République démocratique du Congo*".

Le projet de ces journées avait été conçu dans un double objectif : inviter les universitaires, les intellectuels, les professionnels, les acteurs politiques, économiques et culturels à penser les enjeux et les défis majeurs auxquels la République démocratique du Congo est confrontée ; indiquer quelques solutions pour la construction d'une paix durable, condition nécessaire à la préservation de la nouvelle culture démocratique, à la réalisation de la cohésion nationale et des projets de reconstruction des infrastructures pour le développement.

Il s'agit des défis et des enjeux liés, notamment, à la gouvernementalité des frontières d'un pays aux dimensions exceptionnelles, entouré de neuf États. D'un pays non seulement engagé sur la route sinueuse de la démocratie et dans un processus de réforme de son système de défense et de sécurité, mais aussi d'un État appelé à poursuivre l'assainissement de l'environnement des affaires afin de favoriser la croissance et le développement économiques nationaux.

Au demeurant, ces défis et ces enjeux se disent à travers des besoins de trois ordres : la restauration de la puissance publique doublée de la construction d'un État démocratique ; le climat des affaires et du renforcement de l'encadrement et de la compétitivité des entreprises ; la stabilisation du cadre macro-économique et le développement de l'économie.

Les besoins en gouvernance sécuritaire, politique et économique sont d'abord ceux de l'État. Depuis 1885, année de naissance de l'État indépendant du Congo, il y a les besoins diversement exprimés en gouvernance de l'État régalien soucieux de défendre et d'administrer le territoire, de protéger les populations contre les multiples formes de criminalité. Depuis l'accession de la République Démocratique du Congo à la souveraineté internationale, en 1960, la défense nationale prend le visage de la protection à la fois du territoire national, des institutions et de la population installée sur ce territoire. Celui-ci est la base de référence d'un réseau d'intérêts politiques, économiques et culturels, désigné par ces trois pôles.

La défense nationale suppose l'existence d'un vouloir-vivre commun des populations qui cherchent à se préserver des menaces provenant de divers acteurs considérés comme ennemis, des organisations criminelles, des États belliqueux, voire des multinationales véreuses qui posent – sournoisement – le déficit de gouvernance, la balkanisation ou l'émiettement de certains pays (en l'occurrence africains), comme un des moyens pour se garantir, à moindre frais, l'accès à leurs ressources naturelles.

Dans le contexte géostratégique et géopolitique post-guerre froide, le contrôle des ressources naturelles par certains pays avancés est menacé par les États membres de BRICS, la Chine en tête. Entre temps, des bandes armées profitent des facilités d'accès au marché, offertes par la mondialisation pour investir des zones riches en ressources naturelles qu'elles exploitent ou font exploiter afin de s'autofinancer et de se doter des matériels de guerre. Dans le cas de la RD Congo, c'est par leur intermédiaire que des acteurs sous-régionaux ou internationaux tentent d'infléchir la politique nationale, de réaliser la stratégie de démantèlement de la puissance publique et de participer aux pillages des ressources stratégiques. Les esprits avisés observent, depuis surtout les années 1990, une réelle généralisation du phénomène de la « décharge » dans bien des pays africains en proie aux conflits ou aux guerres.

Lorsque la nation n'était pas menacée par des guerres, l'État régalien s'est voulu défenseur de l'ordre social. On a pu observer qu'au Congo, la défense de l'ordre social s'est organisé, et s'organise encore, contre les agresseurs de la société civile : les criminels qui exploitent la porosité des frontières pour semer l'insécurité et saper les bases de l'économie nationale, les trafiquants de la drogue, les gangsters, les délinquants, les voyous, les inciviques, les opérateurs économiques qui se livrent à la fraude fiscale ou au blanchiment fiscal, etc. La police a parfois été épaulée dans cette tâche par l'armée. Il y a un besoin en gouvernance de l'État régulier qui, en organisant, administrant et défendant la Cité (la *polis*), inculque en même temps le patriotisme et le respect du bien commun aux citoyens (la *politeia*). Il y a aussi les besoins d'une gouvernance décentralisée qui puisse permettre à l'État d'enraciner l'unité et le développement du pays dans des entités locales et territoriales dotées des moyens juridiques, sécuritaires et financiers à la mesure de leurs missions définies par la Constitution.

Les besoins en gouvernance politique et économique sont ensuite ceux des entreprises. Ils sont qualitatifs et quantitatifs. Qualitatifs, ils concernent la restructuration et la bonne gouvernance des unités économiques. Quantitatifs, ils se rapportent à la formation et à l'encadrement des compétences, des gestionnaires. Car les difficultés à recruter des cadres pourvus des compétences voulues par les entreprises (et même par l'Administration) s'expliquent, en grande partie, par une pénurie objective au regard des besoins réels, due aux déficiences des systèmes de formation scolaire et universitaire. Les besoins de gouvernance sont, enfin, ceux de développement économique d'une société qui s'efforce, malgré la conjoncture financière internationale et les guerres subies, de sortir de l'état de la pauvreté, de reprendre sa place sur l'échiquier africain et de participer, à sa façon, à la construction d'un nouveau système économique mondial. L'industrie était, depuis surtout le XIXe, le monteur de la suprématie économique de l'Occident sur les autres sociétés. Cette suprématie s'opère désormais – mais pour combien de temps encore ? – par cinq monopoles énumérés par S. Amin[1] :

- la domination sur les technologies avec la surprotection de l'OMC ;
- l'accès quasi-exclusif aux ressources naturelles de la planète ;
- le contrôle du système monétaire et financier intégré et mondialisé ;

[1] Lire l'entretien entre S. Amin et Demba Moussa Dembélé, *Samir Amin : intellectuel organique au service de l'émancipation du Sud*, Dakar, CODESRIA, p. 45 et sq.

- le contrôle des moyens de communication et de l'information ;
- le contrôle des moyens de destruction massive.

C'est à travers ces cinq monopoles que l'Occident continue à prêter aux sociétés africaines quelques industries et systèmes industriels en sous-contractants ou en sous-traitants et, bénéficie, par cette stratégie, de la rente sous différentes formes et à différents titres. La République démocratique du Congo peut-elle envisager, sans risque, son existence en dehors de cette géostratégie de perpétuation de l'hégémonie occidentale ? Peut-elle, en tant qu'État conçu, au terme de l'*Acte Général de Berlin,* comme un espace de libre marché et qui n'a cessé, depuis son indépendance, de lutter contre les multiples formes de criminalité et de convoitise, sauvegarder son unité et enraciner la culture démocratique sans accomplir la réforme du système de défense et de sécurité, en reconstruisant une administration efficace et une nouvelle armée ? Tel était le questionnement qui sous-tendait notre projet scientifique.

Sitôt porté au grand jour, le projet a reçu le soutien des institutions étatiques, universitaires, religieuses et de quelques entreprises. L'honorable Moïse Katumbi Chapwe, Gouverneur de la province du Katanga, a accepté de patronner les journées scientifiques. L'École supérieure de la gouvernance économique et politique (ÉcoPo) – Œuvre des Salésiens de Don Bosco – s'est occupée de l'organisation scientifique et matérielle. Le Ministère provincial de l'intérieur a pris en charge l'épineuse question financière. Un Comité d'organisation a été mis en place. Le R.P. Jean-Claude Ngoy, Représentant légal des Œuvres de Don Bosco pour la province de l'Afrique centrale, en a accepté la présidence. Il a été secondé par Emmanuel M. Banywesize et Jean-Marie Dikanga Kazadi. Le dynamique Auguet Kabwit a réuni autour de lui quelques étudiantes et étudiants de l'École supérieure de la gouvernance économique et politique afin de concevoir les maquettes, les invitations et les documents nécessaires au bon déroulement des journées scientifiques. Cette équipe a géré, également, sous la coordination de Christian Mwenze, la couverture médiatique des journées et l'accueil des intervenants et participants.

Le Comité scientifique était constitué des professeurs Donatien Dibwe, Prince Kaumba Lufunda, Tshibasu Pandimadi, Adalbert Kitopi, Michel Mamalingas, Eddie Tambwe, Jean-Marie Dikanga et Emmanuel M. Banywesize. Les rapporteurs ont été Kalenge Yantumbi et Firmin Maloba et l'Administrateur du budget François Tshinemu. Dès lors, les 18 et 19 mars 2013, une centaine d'invités et autant de participants venus de l'Administration publique, des institutions militaires et policières, des sphères politique, universitaire, économique et culturelle ont écouté une dizaine d'intervenants. Ils ont surtout échangé avec eux, à bâtons rompus, sans complaisance mais avec responsabilité. L'idée de publier un livre s'est donc imposée à nous. Celui-ci rassemble quelques textes retenus et réécrits à la lumière des échanges entre leurs auteurs et les participants, et surtout au regard des critiques formulées par le comité scientifique.

Dans leur apparente diversité, ces textes sont traversés et portés par une « logique » : celle du questionnement sur les legs et les vicissitudes du Congo, sur sa dynamique et son avenir, comme enjeu stratégique de sécurité, de paix et de croissance, situé à la jonction de l'Afrique centrale, de l'Afrique australe et de la région des Grands Lacs africains.

C'est une approche transdisciplinaire qui est ici privilégiée. Le livre convoque en effet plusieurs savoirs : histoire, sociologie, géostratégie, criminologie, sciences politiques, droit, économie, philosophie, psychologie et communication. Par des regards croisés, ce sont donc les stratégies de gouvernementalité d'un pays qui sont passées au crible de la raison. Les contributeurs établissent, par exemple, que l'espace politico culturel « inventé » par les Puissances occidentales et les trusts internationaux au XIXe siècle est un État aux frontières qui agissent comme des points de suture ou des points de soudure, espace au sein desquels, cependant, l'accès aux ressources naturelles tend à se payer, avec la complicité ou l'indifférence des acteurs internationaux, de pires crimes et d'insécurité organisée. La politique de l'immigration n'a pas été éludée lors des débats.

Ce qui soulève des questions en rapport avec la construction de la paix, la réconciliation, la loi sur l'immigration, la refondation du vouloir vivre en commun dans la région des Grands lacs africains, les défis de l'industrie minérale et du développement durable. Tout concourt à offrir une lecture de l'horizon économique et sociopolitique de la République démocratique du Congo dans un contexte africain complexe et international caractérisé par le changement de statut et de responsabilité entre l'Occident et l'Orient.

Dans ce contexte international, les pays africains semblent être sollicités par deux stratégies : celle de l'autodétermination ethnique qui conduirait à la formation des États fragmentés et celle de l'intégration régionale qui mènerait à des unions politiques et économiques plus vastes et capables de jouer un rôle important dans la construction d'une Afrique décomplexée, fière d'elle-même, apte à infléchir les politiques décidées souvent pour ses populations, sans qu'elles n'aient préalablement été consultées. Pourtant elles en subissent les effets pervers !

La gestion de l'ordre public dans la Province du Katanga

Jean-Marie Dikanga Kazadi

Cet exposé devait être davantage la description d'une pratique de terrain. Mais nous avons voulu lui donner un caractère scientifique normatif, en articulant le propos autour de la question suivante : que faire pour gérer correctement l'ordre public dans la province du Katanga ? La question a été elle-même suggérée par une brève observation de terrain. L'objectif de cette intervention est donc de provoquer un débat sur la question.

De l'ordre public

Gérer l'ordre public est un impératif dans le cheminement démocratique. Cette problématique soulève généralement, surtout en Afrique, des difficultés de tous genres liés notamment à une triple ambiguïté :

- *ambiguïté par rapport à l'appréhension de la notion d'ordre public ;*
- *ambiguïté par rapport aux éléments de désordre public ;*
- *ambiguïté par rapport aux moyens de l'ordre public.*

La première difficulté à laquelle est confronté le chercheur qui s'intéresse aux problèmes relatifs au domaine de l'ordre public est celle de définir correctement la notion. L'ordre public peut être entendu comme « un ensemble d'injonctions, c'est-à-dire des lois et règlements réputés impartiaux et impersonnels, auxquels les membres de la communauté doivent se soumettre ».

François Pieu qualifie même l'ordre public « de désordre acceptable » Comme on le voit, cette notion soulève le problème de l'équilibre de la société et des rapports qu'entretiennent les gens entre eux, de manière individuelle ou avec la communauté. C'est donc le gestionnaire de la communauté, en l'occurrence, l'Etat, qui définit l'ordre public et l'impose conformément aux impératifs de l'intérêt commun. La deuxième difficulté consiste à clarifier les éléments susceptibles de créer le désordre public. Le « Guide de Police Administrative de la Police Nationale Congolaise » définit les domaines d'action de l'ordre public à partir de la trilogie :

- *assurer la sécurité publique ;*
- *veiller à la tranquillité publique ;*
- *sauvegarder la salubrité publique.*

A chaque trouble de l'ordre public à travers un de ces paramètres, l'Etat, par la Police, impose la violence légitime, c'est-à-dire une violence fondée sur la loi, sur le droit. Bernard Harcourt est plus explicite quand il stigmatise la criminalité comme un élément essentiel de désordre public. Ainsi, les incivilités ou petite délinquance comme l'usage des stupéfiants, les nuisances sonores et verbales, les menaces, les insultes, l'abandon des déchets et d'ordure d'une part, et les délits graves comme l'agression, les vols, les cambriolages, le vandalisme sont constitutifs de cette criminalité (Harcourt, 2006). Dès lors, la gestion de l'ordre public se présente comme un moyen pour empêcher une criminalité grave. L'ordre public s'érige en norme et « les fauteurs de troubles et autres individus peu recommandables ou fondamentalement malveillants sont souvent qualifiés d'anormaux, d'où la nécessité de les « normaliser », de les surveiller et de les contrôler » (Harcourt, 2006).

La troisième ambiguïté concerne les moyens de gestion de l'ordre public. Ces moyens sont d'abord humains à travers la place mise à la disposition de l'autorité administrative. C'est à elle d'ailleurs qu'appartient le pouvoir de réquisition et de sommation. On se rappellera ici la célèbre sommation d'un préfet en France qui s'adressait en ces termes à des manifestants : « On m'a demandé de tirer sur la canaille. Mais, je constate qu'il y a des gens très respectables dans cette foule. Je vous demande donc de vous retirer pour me permettre de tirer sur la canaille ». La sommation est généralement entourée d'une précaution socio-psychologique évidente. Les moyens humains sont inefficaces s'ils ne sont pas accompagnés par une logistique conséquente en termes notamment de matériel de maintien de l'ordre public : matériel anti-émeute, armes non légales, équipements du policier, etc. Cependant, ces difficultés manifestes ne peuvent en rien neutraliser le rôle éminemment important que joue le maintien de l'ordre pour réguler la vie sociale et combattre la grave criminalité. Dès lors, ordre public rime avec sécurité intérieure, entendue ici comme « l'activité déployée par des professionnels de première ligne en vue de protéger leurs concitoyens contre les dangers associés à la vie en société » (Cusson et alii, 2008). Cette vie en société est caractérisée elle-même par le crime et les criminels dont la perfection est gérée par ce qu'on qualifie de crime organisé. On peut aligner à tout hasard, dans cet ordre d'idées, les phénomènes comme la maffia qui évolue généralement en société secrète, les banlieues, les cartels très en vogue en Amérique latine, le terrorisme sous toutes ses formes. A cet effet, le criminologue Alain BAUER rapporte cette boutade : « le crime ne paie pas, sauf s'il est bien organisé » (Bauer et Soullez, 2012). C'est ce qui fait que « le crime organisé » se pose ainsi en élément perturbateur de l'équilibre social ; d'où doit-il être combattu sous toutes ses formes. Les grands phénomènes criminels posent alors un véritable défi à la gestion de l'ordre public, surtout qu'ils se recrutent souvent dans les sociétés économiquement avancées. Dans les sociétés moins avancées, les problèmes de maintien de l'ordre public se manifestent sous la couleur des spécificités du terrain.

L'ordre public au Katanga

Dans un pays comme la République Démocratique du Congo, la gestion de l'ordre public est une expérience de récente actualité dont l'avènement se situe autour de l'année 1990, année de l'annonce du pluralisme politique. C'est à cette période que l'Etat, à travers toutes les provinces, fait face pour la première fois, au phénomène de désordre provoqué par des citoyens privés sur la rue publique. A ce jour, trois grands défis se sont invités au registre des activités de maintien de l'ordre public. Il s'agit :

- *des manifestations politiques et sociales,*
- *des manifestations sportives,*
- *des manifestations du fait des campagnes électorales.*

A propos des manifestations, Clemenceau en a décrit la particularité quand il déclare que « il existe une grande différence entre le droit de manifestation et les autres libertés publiques parce qu'elle s'exerce dans la rue et que la rue appartient à tout le monde » (Cusson et alii, 2008).

a. Les manifestations politiques et sociales

La loi sur les manifestations publiques dispose que le responsable administratif local doit être informé par les organisateurs de la manifestation 72 heures avant celle-ci. C'est pour permettre un meilleur encadrement de la manifestation. Notamment contre les dérapages et les éventuels excès des casseurs infiltrés dans la manifestation et dont l'objectif est de s'attaquer aux édifices, au commerce, aux automobilistes privés, etc. Cet encadrement, de nature policière, est destiné également à protéger les manifestants contre les anti-manifestants.

En République Démocratique du Congo, l'apprentissage démocratique laborieux amène généralement une certaine catégorie de la population à des mouvements spontanés de masse. Ainsi, on assiste à des scènes d'invasion de la chaussée avec des pneus brûlés sur les routes pour protester par exemple contre les coupures intempestives du courant électrique. Les populations des quartiers plongés dans le noir par la Société Nationale d'Electricité (SNEL) expriment de cette manière leur ras-le-bol en envoyant de ce fait un message clair, à travers la perturbation de l'ordre public.

Ce qui est vrai pour le courant électrique l'est aussi pour l'eau potable, deux denrées indispensables et incontournables pour la population. Il faut souligner ici que les deux entreprises publiques qui ont en charge ces secteurs vitaux de la vie en communauté ne parviennent plus, pour diverses raisons, à répondre correctement aux multiples demandes de la population. D'autres mouvements spontanés se constatent régulièrement chez les exploitants artisanaux des minerais appelés ordinairement « les creuseurs ». Trois situations de désordre public se rencontrent de manière récurrente :

- La première situation est relative à l'invasion d'une concession minière régulièrement attribuée pour une exploitation industrielle. Les opérations de dégagement par la police débouchent toujours sur des actes de violence avec des blessés légers ou graves.
- La deuxième situation est celle où les exploitants artisanaux menacent certains sites où s'exercent depuis des décennies des activités de grande portée sociale. Tel est le cas du lycée prestigieux de Lubusha (Luisha) qui héberge une école secondaire et un pensionnat dont les alentours immédiats sont devenus des carrières d'exploitation des minerais.
- La troisième situation est celle où les creuseurs protestent contre les prix qu'ils jugent dérisoires mais qui sont fixés par les comptoirs d'achat des minerais.

Ces cas parmi d'autres constituent des éléments perturbateurs de l'ordre public et leur traitement par les forces de l'ordre - la police – est toujours délicat étant donné le caractère violent et de vandalisme de cette catégorie de citoyens. Et, à la longue, cette population de creuseurs va constituer un réservoir permanent de désordre public. Une autre source d'inquiétude pour l'ordre public concerne les manifestations de rue des partis politiques et des corporations professionnelles. Elles sont supposées être calmes et débouchent généralement sur la remise à l'autorité locale d'un cahier de revendications. Mais, à ce niveau, le danger de trouble à l'ordre public persiste car la spontanéité du mouvement surprend la police et ne lui permet pas toujours de prendre à temps les dispositions d'encadrement qui s'imposent.

On peut relever enfin le phénomène des enfants de la rue qui est manifestement le fait de la pauvreté et des flux migratoires incontrôlés. Ces « enfants » s'adonnent à des actes de délinquance pour créer la peur dans la ville. Or, « la peur fait fuir les honnêtes gens et attire les criminels » (Harcourt, 2006).

b) Les manifestations sportives de football

Les matches de football au Katanga sont également à inscrire au registre d'éléments perturbateurs de l'ordre public. Il s'agit en l'occurrence de deux types de matches :

- Le premier type est celui qui met aux prises les deux plus grandes équipes de la province du Katanga ; à savoir le FC. Saint Eloi Lupopo et le TP. Mazembe Englebert. La rivalité qu'entretiennent ces deux équipes est séculaire et chaque rencontre mobilise d'énormes forces de la police.

- Le deuxième type est celui qui met aux prises les deux grandes équipes de la province et les deux grandes équipes de la capitale Kinshasa ; à savoir V. Club et Daring Club Motema Pembe.

Il s'agit là des rencontres à problème qui électrise l'atmosphère et qui, à la moindre étincelle, peuvent embraser l'ordre public et donner lieu à des dégâts matériels et humains regrettables. En témoigne ce derby de 2010 qui avait opposé à Lubumbashi le TP Mazembe et le V. Club et qui s'était soldé par un bilan de 7 morts et plusieurs blessés. Le trouble de l'ordre public du fait d'un match de football provoque aussi, on s'en doute, des dégâts collatéraux où des innocents sont gratuitement victimes.

c) Les manifestations du fait de la campagne électorale

En 2006, La République Démocratique du Congo a été confrontée à ses premières élections libres. Pour la première fois, les candidats aspirant à exercer le pouvoir s'étaient lancés dans les opérations de convaincre et de séduire en vue d'arracher le suffrage des électeurs. Expérience laborieuse s'il en faut et qui a engagé la police dans une nouvelle expérience de gestion de l'ordre public.

Cette étape de la vie démocratique – une grande première dans le pays – a connu au Katanga une double situation productrice de violence :

- La première situation est relative au discours électoral développé par les candidats ; un discours incendiaire et agressif à souhait.
- La deuxième situation est celle où l'on s'attaque directement au concurrent; en l'agressant physiquement ou en détruisant son matériel de campagne, à l'instar des affiches électorales.

La situation de 2006 s'est reproduite, à quelques exceptions près, lors de la campagne électorale de 2011. Dans un cas comme dans l'autre, l'ordre public a été mis à mal et les dispositions de la loi électorale n'ont pas réussi à tempérer les ardeurs des uns et des autres.

1. Les difficultés de gestion de l'ordre public

La gestion de l'ordre public au Katanga bute sur deux difficultés majeures. La première est d'ordre matériel et logistique et la deuxième est d'ordre humain.

a) Les difficultés matérielles et logistiques

L'on convient que pour bien gérer l'ordre public, l'Etat est appelé à mettre les moyens conséquents et utiles à la disposition de ceux qui agissent en son nom (Bousquet, 2002). Mais, cet objectif est loin d'être atteint dans un pays qui se remet péniblement de sa situation d'Etat post-conflit. La police accuse alors une carence généralisée en matériel approprié pour la gestion de l'ordre public. Parfois, faute de balles en caoutchouc, la police est obligée de tirer à bale réelle pour contenir une manifestation. On imagine les éventuelles bavures en pareille circonstance.

Dès lors, gérer l'ordre public dans ces circonstances devient périlleux. Conséquence, la police perd sa qualité de rempart obligé pour les honnêtes gens. En même temps, les délinquants, grands et petits, se délectent de cette inefficacité de la police.

b) Les difficultés d'ordre humain

A ce niveau, la police souffre de deux insuffisances ; la première est relative aux effectifs en nombre inférieur. En effet, pour une étendue vaste comme à peu près la France, la province du Katanga ne dispose pas d'effectifs conséquents. Ce qui naturellement complique les opérations de maintien de l'ordre public sur toute l'étendue de la province. La deuxième insuffisance est relative à la formation du policier pour être capable de faire face professionnellement aux problèmes de maintien de l'ordre public. Les efforts consentis jusqu'à présents en matière de formation sont réels, mais largement insuffisants.

Pistes de solutions

Pour mieux gérer l'ordre public, il faut s'inscrire dans une logique de professionnalisation de l'activité de maintien de l'ordre avec la création d'unités spécialisées. En effet, il faut arriver à « mettre en place au sein des structures coercitives de l'Etat, une troisième force (entre l'armée et la police) permanente, d'interposition, de temporisation, à même de concilier, par une action prioritairement défensive et dissuasive le désordre de la manifestation avec l'ordre (Cusson et alii, 2008). La professionnalisation du maintien de l'ordre suppose donc la constitution d'une force spéciale chargée uniquement des émeutes et des manifestations. En effet, « le maintien de l'ordre requiert l'engagement des forces mobiles et disponibles en permanence, d'une réserve générale mise à la disposition du gouvernement pouvant être en mesure de rétablir efficacement l'ordre sans pour autant transformer les rues en champ de bataille » (Cusson et ali, 2008).

Tel est, nous semble-t-il, le prix à payer pour une meilleure gestion de l'ordre public au Katanga.

Bibliographie

1. BOUSQUET, R., *Insécurité. Sortir de l'impasse*, Ed. LPM, Paris, 2002 ;
2. CUSSON, M., DUPONT, B. et LEMIEUX, F. (sous la direction de), *Traité de sécurité intérieure*, Presses Polytechniques et Universitaires romandes, Lausanne, 2008 ;
3. HARCOURT, B., *L'illusion de l'ordre*, Paris, Descartes et Cie, 2006 ;
4. FASSIN, D., *La force de l'ordre*, Paris, Seuil, 2011
5. RDC, *Guide de police administrative*, Kinshasa, 2011
6. « Déviances et Société », Vol XVI – N° 4, 1992
7. « Déviances et Société », Vol 32 – N° 1, 2008

Quelle gouvernementalité des frontières dans un Congo refondé ?

Eddie Tambwe

De prime abord, nous devons signaler que nous avions dû ajouter un point d'interrogation à la thématique nous proposée par le comité scientifique du colloque. Nous allons ainsi tenter, sur un mode davantage interrogatif qu'affirmatif, de poser les jalons possibles devant participer à la construction d'une vision politique dans la gestion des frontières dans un Congo alors *refondé*. Mais en guise d'introduction, notons que la gestion des frontières n'est qu'une expression et une émanation d'une philosophie politique plus large. C'est pourquoi, pour être opératoire, et pour approfondir une telle analyse, nous avions intégré la question dans un concept plus large, dans une perspective théorique générale, et espérons-nous plus fructueuse. Il s'agit de la notion foucaldienne de la gouvernementalité – prise dans son acception de la manière de gouverner ou, plus directement, de la manière dont un pouvoir politique réfléchit sa pratique de l'État, ou sa manière de « pratiquer l'État ».

Notre propos s'appuie donc sur l'arsenal conceptuel du philosophe politique français M. Foucault afin de privilégier la réflexion sur « les pratiques ». Comme l'auteur le notait lui-même, il s'agit d'une « approche matérielle des pratiques étatiques », une analyse des « actes par lesquels s'opérationnalise le gouvernement des sujets et des populations ». Cette approche vise à s'attacher aux instruments, aux procédures et aux rationalités politiques qui les sous-tendent. Ici, il sera question d'examiner comment le concept de frontière est géré comme élément stratégique de la politique générale du pays.

De la gouvernementalité des frontières

La géostratégie nous enseigne que les États peuvent être soit fondamentalement prisonniers de leur statut géophysique, soit s'inscrire dans une démarche géopolitique constructiviste en développent une gouvernementalité des frontières à partir de quelque événement historique. Pour mémoire, on sait que l'insularité britannique a été à la base d'une politique expansionniste, impérialiste et colonialiste de grande ampleur qui a donné aux Anglais l'épaisseur historique mondiale qui a changé véritablement le visage géostratégique du monde. Physiquement et donc philosophiquement, la mer ouvre davantage des perspectives que la continentalité ! Justement la Chine, grand espace continental, grande civilisation historique, vient de réussir à s'approprier de sa continentalité sur la base du paradigme économique pour s'imposer comme l'une des puissances mondiales. Mais il n'y a pas que des grands États. Il existe aussi une stratégique diplomatie des « petits pays », comme la Belgique – pays au carrefour de sphères linguistiques et culturelles diverses - qui a réussi à s'imposer comme le cœur stratégique de l'Europe et ainsi tirer son épingle du jeu géopolitique européen.

Plus proche de nous, l'exemple du Rwanda, petit pays pauvre, enclavé, sans passé historique et civilisationel glorieux, qui a profité d'un drame (le massacre fortement médiatisé d'une partie de sa population, Hutus et Tutsi compris) pour construire tout un paradigme stratégique en s'inspirant – jusqu'à la caricature – d'une grille conceptuelle qui émeut tant la vie internationale, celle du génocide et de la Shoah !

Appuyé par les multinationales anglo-saxonnes, absous par une « communauté internationale » fortement culpabilisée pour son « inaction » lors desdits « massacres », le Rwanda allait profiter de l'effondrement et de l'isolement international du grand « Zaïre » pour déployer une politique internationaliste, belliciste à souhait, pour exploiter jusqu'à la fatigue les richesses congolaises. Difforme tel le monstre de King Kong, le Rwanda va mettre en place une gouvernementalité des frontières qui va bien au-delà de sa taille géostratégique naturelle. S'inspirant de la théorie allemande de triste mémoire de l'espace vital, le petit pays pauvre – au grand dam des Congolais - commande de *facto* - depuis une vingtaine d'années - le jeu politique du grand voisin. En effet, celui-ci, le Congo donc, a subi des transformations politiques profondes dictées directement et/ou indirectement par Kigali ! Mais ce n'est pas uniquement le Congo qui subit cette nouvelle gouvernementalité des frontières imposée par le Rwanda : toute la sous région des Grands Lacs a été transfigurée par ce phénomène géopolitique. Pour les spécialistes de la géostratégie et de la géopolitique, le Rwanda est une belle illustration d'un pays qui n'avait aucune vocation - ni historique, ni culturelle et encore moins géopolitique – à jouer quelque rôle stratégique sur la scène africaine. La gouvernementalité des frontières mise en place par ce pays - avec un cynisme et une violence singuliers – lui permet depuis une vingtaine d'années d'engranger des gains économiques considérables puisque le Rwanda a réussi à s'imposer comme le principal intermédiaire entre les matières premières du Congo et les multinationales anglo-saxonnes. Mais, après tout, les relations internationales nous rappellent sans cesse qu'un État n'est mû que par des intérêts économiques. L'économie demeure ainsi le principal élément structurant de toute gouvernementalité.

Le cas RD Congo :
de la singularité d'une histoire et d'un espace

Outre la singularité liée à la variété de ses richesses, à sa dimension physique exceptionnelle, nous allons nous appesantir ici sur deux éléments singuliers pour ne pas sortir du cadre des journées scientifiques. Donc, Histoire et Espace. Du pays nommé RDC. Sur le plan de la gouvernementalité en général, et spécifiquement du point de vue de la gouvernementalité des frontières, deux paradigmes marquent – à notre avis - le destin de la RDC : la complexité des conditions stratégiques de sa constitution et sa position géophysique.

Il faut alors commencer par revisiter les conditions mêmes de notre naissance : en tant que pays, en tant que nation, en tant que donnée géopolitique. L'histoire géopolitique de la RDC ressemble, à n'en point douter, à une tragédie balzacienne. Avec, à la source, les ressassements du nostalgique et lugubre Léopold Ier, roi des Belges, anciennement prince de Saxe-Cobourg Gotha. Pardon de rappeler ce destin personnel : mais, comme on le verra, le parcours de cet individu marque encore profondément notre « destin international » - pour reprendre l'expression de l'historien congolais Jean-Marie Mutamba Makombo[1]. Voici donc cette histoire. Malgré un passé militaire de légende - général à 12 ans - Léopold Ier est un homme au destin brisé. Marié, en 1816, à la princesse de Galles Charlotte Augusta, héritière du trône de Grande-Bretagne et d'Irlande, Léopold Ier perd sa femme un an seulement après leur mariage dans des conditions tragiques : Charlotte Augusta trouva la mort à l'âge de 21 ans, après avoir donné naissance à un fils mort-né.

Cette tragédie brise le destin d'un homme - Léopold Ier - préparé à œuvrer dans l'administration des affaires coloniales britanniques, au titre de prince consort. Après quelques autres bravoures militaires en Europe, le veuf inconsolable répondra favorablement à la demande pressante du nouvel État belge, en quête d'un roi capable de réunir Flamands et Wallons. Léopold Ier devint « roi des Belges » en 1831. Mais, à la tête de la petite Belgique à peine constituée (1830), trônant sur ce petit pays naturellement sans ambitions expansionnistes et colonisatrices, Léopold Ier passera ses soirées à conter, avec toute l'amertume d'un homme blasé, des histoires coloniales fantastiques à ses enfants. Parmi ces derniers, un certain Léopold Louis Philippe Marie Victor : celui-là même qui deviendra, des années plus tard, Léopold II. Tout autorise à croire que l'imaginaire du jeune Léopold est empli de rêves de colonies, nourri par un père qui n'a pas pu réaliser ses propres ambitions d'administrateur de colonies... Le « destin international » du Congo tient à cela !

On ne s'étonnera donc pas qu'à peine devenu « duc de Brabant », Léopold II lança, en 1865, ce défi *a priori* démesuré : « *il faut à la Belgique une colonie !* ». 1865 : nous sommes en plein XIXe siècle, époque mythique des conquêtes territoriales. Pour nous, Congolais, le XIXe siècle est un fatras de faits qui scellent l'avenir géopolitique de notre pays : la convocation, en 1876, par Léopold II, de la conférence géographique de Bruxelles ; la fondation de l'Association internationale africaine ; le Comité d'études du Haut Congo ; l'État indépendant du Congo, la conférence de Berlin (1885-1886)... Bref, un long couloir d'intrigues, autour de

---

[1] Lire son article « Quel destin international pour la RDC ? », *In* : (Sous la direction de Eddie Tambwe et de Anatole Collinet Makosso), *République Démocratique du Congo : les élections et après ? Intellectuels et politiques posent les enjeux de l'après-transition*, Paris, L'Harmattan, 2006.

l'espace géographique nommé « Bassin du Congo », dans lequel se bousculeront officiers en mal d'action, espions au service des rois, scientifiques, hommes d'État, rois, hommes d'affaires, aventuriers romantiques... Des pays : la Belgique, l'Angleterre, les États-Unis, la France, le Portugal, les Pays-Bas, la Scandinavie, etc. Des noms de légende : Stanley, Livingstone, Savorgnan de Brazza, Léopold II, Bismarck, Makoko Iloo, Malamine, Banning, etc. Et, par-dessus tout, des capitaux errants de trusts internationaux en quête d'investissements juteux...

Au centre de toutes ces « convoitises » un objet : le riche territoire du Congo. *In fine*, des compromis et des compromissions donneront lieu à une association pour le moins incestueuse : c'est la fameuse « Communauté internationale », avec son ombre, bien épaisse, planant sur le Congo... La RDC est née de ces méandres de l'Histoire. Rarement un pays n'aura connu un tel sort : Congo, pays-espace ouvert ! Un espace voué, du fait même de sa naissance, à « l'échangisme économique». Congo, pays des capitaux. L'espace physique désigné à ce jour comme la « RDC » tient de cette équation géostratégique fort complexe.

Cette complexité continue de déteindre naturellement sur le processus de reconstruction de l'État. Notre pays fut constitué à sa naissance comme un espace politique « indépendant », ouvert au commerce international et placé sous le contrôle de Léopold II et des consortiums anglo-saxons. En 1908, l'EIC se mue en « colonie belge », mais avec un statut particulier qui le laisse «indépendant » de la Belgique afin de préserver la liberté de ce marché ! Rarement un pays n'aura connu un tel sort : Congo, pays-espace ouvert au commerce international ! Le « destin » du Congo tient de cet internationalisme aux origines anglo-saxonnes !

La gouvernementalité des frontières, de Léopold II à nos jours

Une logique triptyque a sous-tendu la gestion du régime colonial : la spécificité historique que nous venons de rappeler a induit une étrangeté géostratégique qui, elle-même, a déterminé une gouvernementalité spécifique. À colonisation singulière correspondra une gouvernementalité singulière : en l'occurrence « trinitaire », s'adossant sur trois pôles stratégiques :

l'Administration (l'État, au sens normatif) ; l'Église (chargée d'éduquer des indigènes perçus comme des outils de production) ; les trusts internationaux (chargés de rentabiliser les investissements engagés).

C'est le fameux constat de la dimension trinitaire du pouvoir politique au Congo-belge qui met à nu la marginalité d'un modèle colonial singulier, au fond sans métropole idéologique et dont l'économie demeure le seul et unique mobile. Le paradigme économique dominant a induit une gouvernementalité des frontières spécifique. Dès sa constitution formelle, le territoire dut mener une politique frontalière du type « intégrationniste » faite des vagues migratoires : allant des Occidentaux (Polonais, Belges, Scandinaves, Anglais, Portugais, etc.) jusqu'aux Africains d'autres pays (Sénégalais, Gambiens, Rwandais-Urundi, Angolais, etc.) aux fins d'intensification du travail industriel. Même l'armée, la Force Publique, a été conçue dans cette gouvernementalité : comme un « acteur économique » puisque c'est la Force Publique qui oblige les ouvriers au travail, les surveillent... C'est encore la Force Publique qui participe à la collecte des impôts !

La structuration de la vie nationale autour du mobile économique eut pour effet de « développer » le territoire assez rapidement si l'on compare la colonie belge aux autres colonies. Violences subies par les colonisés mises à part, le Congo belge arborait des indicateurs de même niveau que certains pays asiatiques et européens devenus aujourd'hui développés.

Sur le plan diplomatique, depuis Léopold II, le territoire a toujours développé une vision diplomatique de grande ampleur envers les voisins (les autres puissances coloniales tant françaises que portugaises et anglaises), en négociant sans cesse...

L'indépendance du Congo eut lieu dans un contexte trouble et complexe, qu'il serait fastidieux de rappeler ici, mais qui eut comme effet de favoriser la prégnance d'un discours idéologique aux relents nationalistes forts qui occulte de *facto* le paradigme vocationnel du pays. Les deux images sémiologiques marquantes du pays tournent d'ailleurs autour de la mort sacrificielle de Lumumba et Mzee Kabila, donnés à l'imaginaire national comme deux figures anti-Occident, et d'une certaine manière, anti-Capital, anti-Internationalisme... Si la posture a des vertus positives pour la construction d'une identité nationale nécessaire à l'histoire de toute nation, sa scénarisation politique peut éloigner le pays de sa vocation originelle, d'autant que depuis l'indépendance l'élite politique congolaise n'a pas réussi à développer une gouvernementalité efficiente basée sur ce discours nationaliste.

Au contraire, l'analyse est encline à penser que le problème central du pays demeure dans la conception prédatrice de la politique : anthropologiquement, le pouvoir politique est sans cesse perçu et pratiqué comme « quelque chose que l'on doit se partager », et non comme lieu et possibilité de construction et de développement d'une gouvernementalité qui pousse le pays de l'avant ! Le régime de Mobutu (1965-1997) est une belle illustration de cette assertion. Rarement l'action publique n'aura été à ce point conduite sous le prisme de l'idéologie comme principal moteur de la pratique de l'État. En effet, contre tout bon sens élémentaire, contre toute logique de gestion normative et classique de la chose publique, contre la réalité objective de la situation géopolitique du pays et de ses rapports avec les autres entités étatiques, le régime de Mobutu engagera le pays dans une voie historique et paradigmatique dans laquelle toute la gestion de l'État sera subordonnée à l'idéologie. L'entreprise idéologique, ici, consistera à mettre en place un discours de remise en question globale, de contestation de type philosophique et systématique du modèle colonial, donc occidental.

Le projet politique poursuivi est d'obtenir une indépendance politique et économique vis-à-vis de l'Occident, symbolisé par l'ancien système colonial. C'est avec cette cohérence idéologique générale qu'il faut comprendre le dispositif sous-tendant les prises de décisions cruciales concernant l'État à construire : nationalisation dès 1966 des entreprises du pays ; création d'une monnaie nationale ; mise en place d'un parti unique (le MPR) ; la zaïrianisation, etc. En attribuant au MPR une prééminence sur tout autre principe de réalité nationale, en le positionnant comme une essence au-dessus de l'État, le régime mobutiste consacrait la mort de l'État au sens normatif. Si la conception du « tout idéologique », dans la conduite des affaires de l'État, reléguant au second plan la *praxis* ordinaire de l'État, avait permis de « mobiliser » à tout instant de la journée les populations nationales, elle aura été d'une inefficacité dangereuse, comme le démontreront les événements. La Deuxième République provoqua, de fait, une situation non seulement de « désorganisation de l'État », mais également de « non-État » dans notre espace national. Elle s'écroulera d'ailleurs d'elle-même du fait de sa faiblesse économique structurelle et de l'absence d'appareils classiques de l'État : armée, administration, services de sécurité, routes, etc.

Le régime instauré par Mzee Kabila (1997-2001) n'aura pas assez duré pour constituer valablement l'objet d'une étude de gouvernementalité. En trois ans, il nous semble en effet difficile de dégager une conception précise, identifiable et formalisable. Cependant, comme on le sait, les circonstances de la mise en place de ce système (putsch contre la Deuxième République grâce aux pays voisins) et les perturbations qui s'ensuivront (populations contestant les partenaires du régime ; déclenchement de foyers de guerre à l'est du pays ; embargo des armes contre le pays ; isolement occidental, etc.), toutes ces raisons si exceptionnelles en un laps de temps aussi court pousseront le régime dans ses derniers retranchements, l'obligeant à ne subsister que grâce à sa capacité d'entraînement idéologique.

On voit donc bien que, entre 1960 et 2001, les systèmes successifs ayant géré le pays ont développé, pour des raisons liées à la conjoncture historique, une posture qui pose l'idéologie comme ultime horizon, comme une fin en soi et non comme un simple moyen de mobilisation dans la réalisation des différentes étapes de construction symbolique et physique de l'État.

La gouvernementalité sous Joseph Kabila est d'une optique minimale puisque l'enjeu central pour lequel celui-ci vint au pouvoir fut la « restauration interne » de la puissance publique. Aussi, tenter de comprendre la problématique de la gouvernementalité sous la présidence de Joseph Kabila Kabange postule un rappel de la situation politique générale avant son arrivée aux affaires. La RDC ressemblait alors tout simplement à un « non-État ». Le pays n'existait plus dans ses frontières historiques, écartelé entre trois rébellions : au nord, dans la région de l'Équateur, avec Jean-Pierre Bemba ; à l'est, avec le RCD, ostensiblement soutenu par la dictature rwandaise, mue par sa quête permanente d'annexer la région du Kivu.

Dès son arrivée aux affaires, en 2001, la communauté internationale oblige Joseph Kabila à mettre en œuvre très rapidement un double processus : interne (normalisation de l'espace politique national) et externe (reprise de la coopération internationale). Dans ces nouvelles conditions de gestion de l'État, il fallut organiser et mettre en place tout un processus complexe et laborieux qui aura pour résultat de faire passer la RDC de la situation de quasi « non-État » au statut de pays « en phase de reconstruction post-conflit ». La « transition » opérée par Joseph Kabila eut lieu à la suite d'un continuum de faits politiques :

- reprise du « Dialogue inter-congolais » – débouchant sur l'accord de paix de Sun City en 2002) ;
- mise en place d'un gouvernement « d'union nationale » (sous la formule 1 + 4) en juin 2003, consacrant la pacification et la réunification du pays ;
- la fusion des différentes « administrations publiques » et, par la suite, des différentes armées (le fameux programme de « brassage ») ;
- la réalisation de l'enregistrement électoral sur toute l'étendue du territoire; l'adoption d'une nouvelle Constitution votée en 2005 ;
- le retour de notre pays dans le concert des nations, donc la fin de l'isolement international et diplomatique dans lequel le pays était plongé depuis le fameux «massacre du campus de Lubumbashi » en 1990 ;
- l'organisation des premières élections présidentielles et législatives pluralistes en 2006 sur toute l'étendue du territoire national.

Pour mieux mesurer, objectivement et factuellement, la nette amélioration du cadre macroéconomique national, il faut prendre comme curseur historique la dernière année de Mobutu (1996). En effet, de 1996 à 2000, le taux de croissance de l'économie s'est situé en moyenne à - 3,9 %. Ce taux s'est redressé à 4 % en moyenne entre 2001 et 2005. Il a atteint 5,3 % entre 2006 et 2010. Autre indicateur macro : le budget de l'État. En 2001, il stagnait à 300 millions de dollars américains. En 2011, le budget de la RDC approche les 7 milliards de la monnaie américaine. L'inflation - longtemps structurelle à l'économie nationale – a pu être maîtrisée, au prix d'efforts soutenus au fil des années et après des fluctuations importantes au cours des dix dernières années. Diminuant de plus de 500 % en 2001, elle remonta à plus de 40 % en 2009, avant d'atteindre un niveau inférieur à 10 % à la fin de l'année 2010. De même, le taux d'endettement du pays (dette extérieure/PIB) est passé de 120 % à 50 %, grâce à l'allégement des dettes obtenu dans le cadre de l'initiative Pays Pauvres Très Endettés (PPTE) et de l'Initiative d'Annulation de la Dette Multilatérale (IADM) en 2010, de l'ordre de 12,5 milliards de dollars. La dette extérieure de la RDC est actuellement évaluée à environ 2,9 milliards de dollars. Le PIB de la RDC est passé de 5,1 milliards Usd en 2001 à 12,5 milliards Usd en 2010. L'atteinte du « point d'achèvement de l'initiative Pays Pauvres Très Endettés » symbolise cette embellie générale des paramètres macroéconomiques.

Sur le plan politique, la deuxième séquence historique (2006-2011) a permis la mise en place effective des institutions issues des élections, la mise en route effective de la reconstruction des infrastructures de base dans le pays (les 5 Chantiers), la poursuite de la politique de paix et de bon voisinage, la relance diplomatique... Et même s'il subsiste des poches d'insécurité, à l'est du pays notamment, ce contexte politique globalement apaisé a rendu possible, pour la seconde fois, l'organisation d'élections. Le scrutin de 2011 enracine, de fait, le processus démocratique dans le pays. L'acquis est d'une grande portée historique : pour la première fois dans l'histoire politique de la République démocratique du Congo, des mandats démocratiques vont succéder à d'autres de façon pacifique.

Ces réussites ne doivent cependant pas occulter l'absence d'une grande ambition de gouvernementalité : le gouvernement congolais demeure confiné dans le paradigme de la « reconstruction de l'État » : une belle ambition, louable, mais minimale, au regard du rôle historique et géostratégique naturel du pays. Les signes patents trahissent ce minimalisme : incapacité à mettre en place une armée normative qui sécurise populations et richesses nationales, incapacité à développer un dispositif diplomatique agressif qui redonne sa voix au Congo sur la scène internationale...

Pour clore :
De la réappropriation national (iste) du logiciel originel, internationaliste

L'État congolais demeure grabataire, trop faible pour développer une gouvernementalité des frontières à l'aune de son poids naturel. Trop faible pour participer comme partenaire viable sur la scène économique internationale. Même notre appartenance à diverses organisations sous régionales (COMESA, SADC, CICR, etc.) ne nous rapporte pas de dividendes stratégiques.

Historiquement, l'avènement du régime de Joseph Kabila est intervenu dans un contexte de crise. Or le pays n'est toujours pas sorti de cette crise. Celle de l'État, en tant que centre organisateur de la vie nationale, en tant qu'élément central et structurant des autres secteurs de la vie nationale. Je fixe ici le mot « crise », un peu comme l'entendait Antonio Gramsci : un moment historique où l'ancien modèle [d'organisation sociale] commence à perdre du terrain, sans pour autant disparaître complètement, un moment historique où le nouveau modèle gagne du terrain, sans pour autant s'imposer tout à fait... Nous sommes en principe toujours en quête d'un modèle de gestion de l'État, plus cohérent, plus efficace.

Dans la mise en place d'une nouvelle gouvernementalité des frontières, nous considérons la réhabilitation de l'État comme la première condition de la mise en place d'une gouvernementalité des frontières, adaptée au paradigme vocationnel de notre pays. Une fois effectué cet ajustement à la norme étatique, il conviendrait de poser stratégiquement l'équation entre l'enjeu de l'indépendance (le discours nationaliste congolais) et la nature originelle (économique, internationaliste) du pays. Il faut ici mettre en page une gouvernementalité qui place l'économie au centre du paradigme national, avec comme leviers stratégiques une diplomatie agissante et une armée nationale prête à défendre le pays même au-delà des limites nationales.

Ils ne se trompent pas les élites africaines quand elles développent un romantisme à l'égard de notre pays, allant jusqu'à subordonner la renaissance économique de toute l'Afrique noire au décollage économique du Congo. La littérature y afférente est abondante : elle va de Frantz Fanon à Cheik Anta Diop[1]. Pour ce dernier, par exemple, « le bassin du Congo est appelé à devenir la première région industrielle et le centre principal de l'industrie lourde de l'Afrique ». La question qui se pose aux élites congolaises – politiques, scientifiques, intellectuelles, technocratiques, militaires, etc. – concerne leur responsabilité devant l'Histoire : sommes-nous, en effet, capables de nous hisser à la hauteur historique des enjeux que pose notre territoire ? Comment transformer ce géant malade en un acteur de premier plan dans la recomposition géostratégique, politique et économique de l'Afrique noire ?

[1] Lire spécialement ce texte publié en 1960 : *Les Fondements culturels, techniques et industriels d'un futur Etat fédéral d'Afrique noire.*

Philosophie de la gouvernance : la gestion de l'ordre public et de la paix en République Démocratique du Congo

Emmanuel Banywesize

Quand on aime la paix, on ne peut sérieusement haïr l'armée et la police. Lorsque quelqu'un marche dans la rue, en pleine nuit, sans danger, ainsi que le remarquait Hegel, il ne lui revient pas à l'esprit qu'il pourrait en être autrement ; car l'habitude d'être en sécurité est pour lui une seconde nature. Il ne se rend pas compte que cette sécurité est le résultat d'institutions particulières. Hegel référait entre autres à la police et à l'armée. Au sein d'une société, la police et l'armée œuvrent, chacune à leur façon, à préserver et à garantir la sécurité : état tranquille qui résulte de l'absence réelle de danger interne ou externe qui menace une société ou certains individus. L'insécurité constitue l'antithèse de la sécurité et de la paix civile. L'insécurité atteint le point paroxystique lorsque dans une société, chacun considère et traite son semblable comme un ennemi, lorsque la violence éclate et, surtout, lorsqu'une guerre (civile ou d'occupation) s'installe. Selon le cas de figure, la police ou l'armée, en première ligne, se mobilise pour protéger et rassurer la société, en rétablissant l'ordre public, la sécurité et la paix.

Le texte s'exerce à penser la gestion de l'ordre public et de la paix en République démocratique du Congo. La visée est de saisir les prémisses d'une philosophie de gouvernance d'un pays né et placé dans un contexte géopolitique complexe. Il se contente d'être une contribution au débat sur les institutions de maintien de la paix et de l'ordre public et surtout sur la nécessité de restructurer le secteur de sécurité congolais, notamment par la formation d'une armée et d'une police ajustées aux défis et à la vocation du pays[1].

---

[1] Cf. P. Akele Adau, « Reconstruire la défense de la RD Congo : faire une autre armée ? Faire une autre société ? », in *Congo-Afrique* n° 469 (11) 2012, pp. 647-633 ; Kaumba Lufunda, « La formation d'une armée républicaine et d'une police nationale : situation et perspectives », in *Congo-Afrique* n° 470 (12) 2012, pp. 726-751.

Réfléchir sur la gestion de l'ordre public et de la paix au Congo, c'est prendre le pari de contribuer à l'avènement d'un nouveau monde. Le contexte totalitaire de la Deuxième République imposait la *logophobie* (la crainte du discours) sur les réalités militaires et sécuritaires. Or les intrusions et les crimes des armées étrangères au Congo, l'assassinat de Laurent-Désiré Kabila, la multiplication des bandes armées – qui corroborent largement la thèse de P. Le Billon selon laquelle les guerres et les conflits de l'après guerre froide sont pour la plupart causées par le contrôle de certaines ressources naturelles stratégiques[1] –, les tragédies humanitaires dans les Kivu, l'Ituri et le Nord-Katanga, et les hésitations politiques ne constituent-elles pas, aujourd'hui, des raisons suffisantes pour revisiter les prétentions d'un peuple ? Ne commandent-ils pas une pensée sur le vivre-ensemble, l'avenir et la relance du secteur économique du pays, en interaction avec la question de la défense nationale et de la défense sociale ?

Réfléchir sur la gestion de l'ordre public et de la paix au Congo, c'est aussi s'engager à prendre en charge un problème dont les contours conceptuels et l'effectuation historique se disent à travers la question de la mise place d'une force de défense et de sécurité, de celle du profil de gardiens de la paix et de celle de l'Administration publique. C'est prendre le pari d'interroger un ordre appréhendé à travers la lutte permanente contre les multiples formes d'insécurité, qui résultent de l'imprévisibilité liée aux comportements des humains ou des États. Certes le désordre, l'aléa, l'incertitude, l'imprévisibilité sont constitutifs du social ; mais dépassée un certain seuil, l'imprévisibilité, sous toutes ses formes, est souvent génératrice d'insécurité dans les relations sociales ou dans les rapports entre nations. L'imprévisibilité compromet souvent la paix, la concorde et la sécurité.

La réflexion sur la gestion de l'ordre public et de la paix conduit à une étude plus fondamentale : celle de la nature de l'État et de sa philosophie de gouvernance. Au demeurant, il s'agit de tenter de répondre aux questions suivantes : comment se conçoivent l'ordre public et la paix au Congo ? Comment sont-ils

---

[1] P. Le Billon, *The Geopolitics of Resource Wars. Resource Dependence, Governance and Violence*, London and New York, Routledge, 2000. Le lecteur voudra lire aussi : R. Aron, *Paix et guerre entre les nations*, Paris, Calmann-Lévy, 1984.

(ont-ils été) gérés ? Quelle philosophie de la gouvernance se donne-t-elle à lire à travers cette gestion ? Le texte décline, à grands traits, le déploiement historique des forces de l'ordre. Il fait ressortir leur mode d'insertion dans le type d'ordre public instauré par les pouvoirs politiques successifs dans leurs stratégies de gouvernementalité de la société congolaise. Les institutions militaire et policière apparaissent alors comme des entités incontournables dans la quête de la paix et le maintien de l'unité nationale, pour la protection des institutions et la réalisation de la grandeur et de la prospérité du pays. Il est établi une corrélation entre vivre-ensemble, ordre légal et gardien de l'ordre. Il va de soi que puisque la gestion de l'ordre public et le maintien de la sécurité sont constitutifs de la légitimité de l'État, le Congo post-guerre froide et post-génocide rwandais, devrait donner corps à la nécessité d'ériger le système de sécurité non plus seulement en une priorité, mais avant tout en un *a priori*. L'*a priori* est de l'ordre des principes et la *priorité*, de l'ordre de classement stratégique.

L'expérience des nations n'enseigne-t-elle pas qu'un État inapte à sécuriser son territoire et ses administrés voit son autorité et ses capacités à gouverner sérieusement remises en question ? Les comportements anomiques minent les institutions et le contrôle social. Le contrôle social désigne, selon Crozier, tous les moyens grâce auxquels les hommes qui composent une société en tant qu'ensemble collectif structuré réussissent à imposer à eux-mêmes le maintien d'un minimum de conformité et de compatibilité dans leurs conduites. On parle alors de société à déficit de gouvernance. L'État, dispositif producteur de générativité organisatrice et régulatrice, tend à s'y effondrer. Or la faillite de l'État signifie l'effritement de l'ordre public – l'ensemble des règles nécessaires au maintien de l'équilibre, de la concorde et au bon fonctionnement de la société. Car l'État perd sa puissance publique et éprouve de difficultés à accomplir ses fonctions légitimatrices : faire régner la sécurité gage de la paix civile, rassurer et protéger les acteurs nationaux et les investisseurs étrangers ; produire le bien public et le répartir équitablement entre les ayants droit. Si l'État s'effondre, partiellement ou totalement, l'ordre et le pouvoir tombent entre les mains de groupes fragmentaires[1] et rivaux.

---

[1] Pour plus de détails, lire I.Z. William (dir), *L'effondrement de l'État, désintégration et restauration du pouvoir légitime*, Paris, Nouveaux horizons, 1997.

Gouvernance et réalisation de la finalité de l'État

Le Congo peut-il maintenir son unité, concrétiser son ambition de grandeur et de prospérité sans se doter d'un système efficace de défense et de maintien de l'ordre public ? L'État ne peut gouverner sans institutions qui lui permettent d'atteindre sa finalité. La définition du mode de gouvernance du territoire et des hommes devient une condition nécessaire à la réalisation de la finalité de l'État.

Convenons donc d'appeler « gouvernance », l'ensemble des processus et des actes par lesquels une société s'auto-éco-ré-organise et tente de concrétiser ses dimensions (sa vocation) afin d'offrir aux humains les possibilités de vivre en paix et de produire ceux dont ils ont besoin pour une vie qu'ils jugent meilleure. Cet ensemble des processus permet de prendre en compte les institutions, les acteurs publics ou privés, les normes qui leur sont propres, et les pratiques de coordination et de pilotage de l'action collective qui découle des interactions entre ceux-ci. La gouvernance renvoie certes à l'idée de gouvernement et de conduite des affaires publiques, mais ne se rapporte pas exclusivement à l'art de gouverner. Elle concerne aussi le comportement civique des citoyens, de tous ceux qui vivent et accomplissent des fonctions dans la société. Une telle conception est lourde de conséquences que ce texte ne peut développer.

Benoît Dupont a distingué trois grandes structures sociales à travers lesquelles se déploie désormais la gouvernance : l'État, le marché et les réseaux. Il a montré que l'État n'a plus le monopole de l'offre des services, de la gestion de l'ordre public et de la sécurité. Depuis les années 1980, on assiste au déclin de l'État providence au profit d'un État régulateur qui laisse le marché assumer des responsabilités dans la gestion de l'ordre public. Celui-ci devient un espace partagé des responsabilités et la sécurité, un marché concurrentiel. Quant aux réseaux, ils se multiplient grâce aux technologies de l'information et de la communication. Ils transcendent parfois la dichotomie public-privé et jettent des passerelles entre les logiques bureaucratiques et le marché. Dans le contexte de la mondialisation, l'État n'a plus certes le monopole de ses fonctions. Mais un État en crise, en lutte permanente pour le maintien de son unité et de son existence, confronté aux bandes armées, souvent soutenus par des acteurs politiques et économiques internes, autant que par les pays étrangers ou les multinationales en quête d'hégémonie ou des ressources naturelles, peut-il opter pour la politique de ce que M. Weber aurait appelé la décharge ?

Il s'agit pour l'État de transférer quelques-unes des fonctions régaliennes aux acteurs internationaux, privés ou hybrides. N'affaiblirait-il pas sa puissance publique ? Cette gouvernementalité n'ouvrirait-elle pas la voie au surgissement de ce que Mbembe a appelé les « gouvernements privés indirects » ou, au pire, de ce que P. Desfarges a qualifié de « zones crises »[1], espaces tenus par des règles propres et fluctuantes, auto-élaborées et autoproclamées par des groupes divers, lesquels, comme c'est le cas aux Kivu, tentent de s'auto-légitimer par la terreur ?

La gestion de l'ordre public et de la paix au gré des défis et des enjeux

Au Congo, l'ordre public et la paix ont été gérés au gré des défis et des enjeux géopolitiques, les stratégies de la gouvernance sécuritaire oscillant entre l'impératif de la défense du territoire et celui de la défense sociale.

Le système sécuritaire congolais s'origine au XIXe siècle, dans un contexte géostratégique et géopolitique complexe, formalisé par l'*Acte général de Berlin* du 26 février 1888. Cet *Acte* concrétise le projet de Léopold II, roi des Belges, de doter son Royaume d'une colonie. Il scelle aussi la naissance d'une « Communauté internationale », à la faveur des rencontres et des compris de politiques, scientifiques, officiers, espions, pays, royaumes, capitaux des consortiums, Église, etc., autour d'un espace qui sera voué à la liberté de commerce : le Bassin conventionnel du Congo, nommé État indépendant du Congo et placé sous la gérance de Léopold II. Cet État, nominalement indépendant, est devenu, au fil du temps, une colonie belge, avant de s'appeler République démocratique du Congo, Zaïre et, à nouveau, République démocratique du Congo.

---

[1] P.-M. Desfarges, « La gestion des zones grises », in *Ramsès*, Paris, Dunod, 2002, pp. 59-70.

Dès sa naissance, le Congo est un espace des capitaux internationaux, voué au « multipolarisme ». On peut alors comprendre pourquoi, dès la naissance de l'EIC, une force a été mise en place : la *Force publique* créée par le Décret du 5 août 1888. En pratique, elle était un instrument pour rendre effectif l'internationalisme d'un espace africain et pour garantir la liberté de commerce, en éradiquant le commerce des esclaves imputé aux Arabes et en réalisant l'occupation des territoires acquis par l'EIC. Ce faisant, l'ordre public se confondait avec la soumission, c'est-à-dire la reddition des pouvoirs et des populations autochtones aux forces étrangères.

À l'occupation des territoires, le Décret du 10 mai 1919 est venu ajouter des missions supplémentaires : défendre le territoire de la colonie, maintenir la tranquillité et l'ordre public, prévenir des infractions, surveiller et assurer l'exécution des lois, décrets, ordonnances et règlements, spécialement ceux qui sont relatifs à la police et à la sûreté générale[1].

La Force publique qui assurait la police sur toute l'étendue du territoire était une force d'occupation chargée d'instaurer et de protéger l'ordre colonial, de faire respecter la politique coloniale dans une sorte d'état de siège. Car la caractéristique majeure de celle-ci était la remise des pouvoirs de police aux autorités militaires. La Force publique veillait à la défense des intérêts économiques coloniaux : elle obligeait les ouvriers indigènes à travailler, les surveiller et participer à la collecte des impôts. Avec l'appui de la Force publique, l'État colonial reposait sur un pouvoir de domination et non de représentation, un pouvoir qui gérait la colonie pour le bien des trusts internationaux et des puissances coloniales, en l'occurrence la Belgique. L'ordre colonial était un ordre établi par le colonisateur en faveur de l'entreprise coloniale. C'est peut être pour cette raison qu'il recourait au phénomène du mercenariat. L'État qui s'installait contre les nations tribales, ainsi que l'a indiqué Kabuya Lumuna, a fait recours à des étrangers (Sénégalais et autres Zanzibarites) pour constituer la première ossature de la Force publique. En 1891, son effectif avait atteint 3.127 hommes, tous volontaires et pour la plupart des étrangers. Ce mercenariat était indispensable pour garantir la sécurité de l'État et de ses agents dont l'agression conquérante était fondée sur la

[1] *Ibid.*

négation idéologique des nations tribales comme réalités politiques et sur la déresponsabilisation des autochtones[1]. Certes une restructuration générale de la Force publique prévoyait la création de deux branches, à savoir les Troupes campées gérées par l'autorité militaire et les Troupes en service territorial, qui fonctionnaient comme une sorte de gendarmerie, comme un corps de maintien de sécurité intérieure ; mais ces Troupes en service territorial étaient placées sous la responsabilité des administrateurs de territoire dont la plupart, ainsi que l'a noté Kaumba Lufunda se référant à Benoît Verhaegen, étaient des militaires. À l'indépendance, le pays a hérité de la Force publique, de la gendarmerie et des polices provinciales. Les officiers belges qui encadraient les éléments de la Force publique croyaient qu'il leur serait possible de maintenir leur autorité dans un pays pourtant indépendant. Le 5 juillet 1960, l'armée se révoltait contre la caste des officiers belges et le 17 novembre 1960, la Force publique était transformée en Armée nationale congolaise (ANC).

Le coup d'État de 1965 portait au grand jour une nouvelle structure militaire : le Haut Commandement militaire. C'est le Haut Commandement militaire qui avait fait la déclaration de prise de pouvoir d'État. Son apparition avait entraîné des modifications quant au statut des officiers et sous-officiers de l'Armée nationale congolaise. Le régime issu du coup d'État s'est proposé d'insérer la police territoriale dans le mouvement global de l'édification de la nation congolaise (zaïroise). L'Ordonnance-Loi n° 66-423 du 20 juillet 1966 créait la police nationale de la République démocratique du Congo, recueillant ainsi toutes les polices provinciales. Quant aux Ordonnances-Lois n° 68-426 du 29 novembre 1968 et n° 69-031 du 25 juin 1969, elles définissaient le statut des Officiers et Sous-officiers de l'Armée nationale congolaise.

La police nationale avait pour mission principale de protéger l'ordre public, les citoyens et leurs biens. Face à l'insécurité entretenue par des rebelles et des mercenaires, et surtout pour décourager sa « perméabilité aux caprices des politiciens », elle a été reconvertie en gendarmerie. Ainsi est née, par Ordonnance-Loi n° 72/031 du 31 juillet 1972, la Gendarmerie nationale regroupant les éléments de la gendarmerie héritée de la colonisation et quelques

[1] Cf. Kabuya Lumuma M., *Idéologies zaïroises et tribalisme*, Louvain-La-Neuve, Cabay, 1986, p. 301.

éléments de la police nationale. Branche spécialisée des Forces Armées Zaïroises - rebaptisées ainsi le 27 octobre 1971, qui accomplissait, cependant, des missions de police judiciaire et de maintien de l'ordre public, la gendarmerie sera l'objet de vives critiques. Elle sera sérieusement prise à partie lors de l'autocritique qui avait suivi la première guerre du Shaba (1977). La critique indexait les tracasseries dont certains membres de la Gendarmerie se rendaient coupables et donc l'inaptitude de la Gendarmerie à assumer efficacement les missions de police. La Garde civile lui sera substituée dans les années 1980.

Dans les années 1970, les Forces Armées Zaïroises avaient vu naître la *Division Kamanyola*, présentée officiellement le 25 novembre 1975. Cette naissance avait été doublée du renforcement de l'inféodation de la l'armée au « Guide » et au Mouvement populaire de la révolution, parti unique qui sera placé au-dessus de l'État. Par son Serment, la *Division Kamanyola* se voulait être au service de la Patrie, mais elle était surtout une force de défense de la philosophie politique du nouveau Régime : le mobutisme ; et de son géniteur : le « Guide », le « Président-fondateur ». « *Notre sang sera versé pour la Patrie, le Mobutisme, pour le Guide. Vive le Guide, vive le Président-fondateur, vive le Zaïre* », tels étaient les termes français du Serment. Que le nom du pays passe ainsi dernière le vocable « mobutisme », « président-fondateur » et « Guide » (qui revient deux fois), cela constitue un signe. Comme tout le pays, l'idéologie devenait, même sur le plan de la doctrine militaire, le ferment fécondant de l'organisation et du fonctionnement de la défense. Au-delà de la *Division Kamanyola*, c'est tout le système de défense et de sécurité qui avait été réajusté à l'évolution idéologique (philosophique ?) de la société, ainsi que le confortait l'intégration des forces armées aux structures de la « nation politiquement organisée » au sein du parti : le Mouvement populaire de la révolution. C'est dans cette perspective qu'il faudrait lire et comprendre, semble-t-il, le changement intervenu au lendemain de la guerre de 80 jours, au Katanga (alors Shaba). La loi du 1er juillet 1977 portant organisation générale de la défense et des Forces Armées Zaïroises, venait renforcer la double autorité du président-fondateur du Mouvement populaire de la révolution sur les armées. Président de la République, il avait en charge la politique de la défense, en même temps qu'il était commandant suprême chargé de la haute direction des actions de la défense. Aussi avait-il exercé pendant vingt-cinq ans les fonctions de Commissaire d'État (ministre) de la défense et de la sécurité du territoire.

La ligne de démarcation entre la défense de la Patrie et du mobutisme devenait floue, quelques zélotes de ce dernier répétant parfois, jusqu'à la nausée, que la défense de la partie équivalait à celle du mobutisme, et *vice versa*. Dans ce contexte, l'armée, particulièrement la Division spéciale présidentielle (DSP) et la Garde civile, devenait donc un instrument de répression et de terreur au service non plus tant de la défense nationale et de la défense sociale, mais d'un individu et d'une idéologie. Combien des citoyens n'ont-ils pas été traités de « *civiles pamba* » ou de « *basenzi* » (« civiles sans valeur » ou « non civilisés) par ceux-là même qui avaient mission de les protéger, de les rassurer et de les défendre ? Dans les provinces de l'Est, particulièrement au Katanga et au Kivu, les populations vivaient la sécurité entre les lignes. Encore est-il que l'ordre public y avait été compromis par une approche spécieuse de la question de l'immigration, couronnée par deux complaisances politiques et juridiques : l'Ordonnance-Loi n° 71-002 du 28 mars 1971 et la Loi n° 72-002 du 5 janvier 1972.

Au cours de ces décennies 1970 et 1980, le totalitarisme congolais avait développé une approche erronée de la question sécurité à la frontière et, particulièrement, de la gestion des flux migratoires. Cette approche postulait une corrélation entre situation géographique et nationalité, comme pour laisser entendre que l'octroi complaisant de la nationalité constitué la solution au problème de l'immigration. Mobutu disait en 1981 : « Il n'est un secret pour personne qu'avec neuf pays frontaliers, le Zaïre est un des États qui hébergent un très grand nombre d'étrangers surtout originaires des pays voisins. D'où certains conflits inévitables de nationalité »[1]. Une décennie auparavant, les instances du parti avaient initié et pris, pour espérer régler la question des immigrés rwandais au Kivu, des décisions simplistes et à tout le moins inconséquentes sur le plan social, politique et sécuritaire. L'Ordonnance-Loi n° 71-002 du 28 mars 1971 accordait automatiquement et collectivement la nationalité aux « personnes originaires du Rwanda-urundi établies au Congo à la date du 30 juin

---

[1] Mobutu Sese Seko, *Discours d'ouverture de la seconde session ordinaire du Comité central du Parti*, Kinshasa, le 26 mars 1981.

1960 ». La Loi n° 72-002 du 5 janvier 1972 fixait les modalités d'application de cette Ordonnance-Loi. Cette Loi ouvrait l'accès à la Terre aux nouveaux citoyens. Elle venait créer un fondement politico-juridique permettant de sécuriser l'implantation foncière des paysans concernés en leur accordant des droits politiques et même la possibilité de revendiquer une autonomie par rapport aux chefs coutumiers. Par cette Loi, le Masisi, dans le Nord-Kivu, avait changé littéralement de « propriétaires », puisque les sujets automatiquement et collectivement naturalisés par l'Ordonnance-Loi de 1971 y devenaient majoritaires.

Vécue comme une injustice, la Loi avait alimenté des frustrations et des conflits qui avaient lézardé le contrôle social et rendu précaire la sécurité et l'ordre public dans le Kivu. Son abrogation en 1982 par l'Assemblée nationale avait mis l'huile au feu. Censée régler la question de l'immigration, l'Ordonnance-Loi avait plutôt provoqué des mécontentements sociaux et des violences interethniques. Plusieurs études[1] ont établi que le régime totalitaire mobutien basait sa réponse à l'immigration (ainsi qu'à la nationalité) sur des calculs politiciens liés à sa stabilité à court et à moyen termes. C'est dans cette optique qu'il faudrait comprendre la nomination de Barthelemy Bisengimana Rwema comme directeur de cabinet du président de la République et la promotion dans les affaires publiques de plusieurs autres personnes tardivement naturalisées. Selon les études, le favoritisme de la Deuxième République envers les élites et les populations issues du Rwanda et du Burindi participait de la stratégie du président-fondateur du MPR de s'entourer des élites issues des ethnies postulées minoritaires ou encore, dans le cas de l'« ethnie *Banyarwanda* » (*Banyamulenge*), d'une ethnie considérée comme en insécurité. De tels acteurs ne seraient pas de nature à contester le Régime, ni encore moins de le renverser. Au demeurant, écrit I. Ndaywel, en offrant massivement des promotions politiques et économiques aux « barons » rwandophones, le Régime leur offrait la possibilité de

---

[1] Je renvoie à ce sujet à : P. Englebert, *Africa : unity, sovereignty and sorrow*, London/Boulder, Lynne Reinner, 2009 ; C. Williame, *République démocratique du Congo : chronique politique d'un entre-deux guerres*, octobre 1996-juillet 1998, Tervuren/Paris, Institut Africain CEDAF/L'Harmattan, 1999 ; I. Ndaywel, *Histoire générale du Congo. De l'héritage ancien à la République démocratique*, Bruxelles, Duculot, 1998.

chercher à « sauver » l'ensemble des membres de la communauté, y compris les immigrants illégaux. L'armée et la gendarmerie devaient alors réprimer toutes velléités contestataires.

Dans les années 80, la description des Forces Armées Zaïroises plaçait la terrible DSP au milieu du dispositif du système de défense. Elle était une véritable armée dans une armée, bénéficiant du traitement spécial et d'attentions particulières, suréquipée et encadrée par la coopération israélienne. Certes quelques autres brigades étaient entraînées par la coopération française (La 31e Brigade parachutiste) et belge (21e Brigade) ou assistaient par les Chinois (1ère Brigade blindée de Mbanza-Ngungu), mais, étant donné que le président s'en méfier, elles étaient réduites, comparées à la DSP, à une force périphérique. Le Rapport de 1985 de l'Institut National Supérieur d'Études de Défense et de Désarmement (INSED) décrivait la 21e Brigade comme une force « marginalement efficace » et la 1ère Brigade blindée comme d'une « efficacité douteuse »[1] !

L'inefficacité doublée de l'indiscipline de l'armée, sous la Deuxième République, avait été étalé au grand jour lors des tristes pillages dans les grandes villes du pays et lors de l'intervention militaire au Rwanda, en 1991, à la suite de la première attaque des Forces patriotiques rwandaises. L'inefficacité opérationnelle des troupes régulières avait été flagrante lors de l'« Opération turquoise » mise en place par la France en 1994 au Rwanda. Les Forces Armées Zaïroises se sont révélées inaptes à désarmer les militaires des Forces Armées Rwandaises (FAR) en fuite vers le Congo (alors Zaïre) après leur débâcle face aux rebelles des Forces patriotiques rwandaises. Les ex-FAR et autres milices rwandaises avaient traversé la frontière congolaise avec des matériels militaires. Elles s'étaient installées, armées, dans des camps de réfugiés qu'elles avaient pris en otage, les transformant, le cas échéant, en espaces de terreur et d'entraînement. Entre 1994 et 1996, il était aisé d'acquérir un Kalachnikov dans n'importe quel marché du Nord-Kivu et du Sud-Kivu. Le régime belliciste de Kigali avait donc trouvé un alibi pour entraîner et encadrer les rebellions

---

[1] Cf. Le Rapport de l'INSED, intitulé *L'année stratégique. Forces armées dans le monde (effectifs, armements). Analyse géopolitiques. Les nouvelles données stratégiques*, 1985.

congolaises : elles ont réussi à renverser le régime de Kinshasa le 17 mai 1997 et à porter un obstiné lumumbiste au pouvoir.

Avant l'assaut lancé en 1996 par l'Alliance des forces de libération du Congo, les services de renseignements stratégiques et militaires du Zaïre étaient-ils au courant qu'une rébellion se préparait au Rwanda ? Savaient-ils grand chose sur les acteurs de cette rébellion ? Prévoyaient-ils qu'une rébellion lançait à partir des montagnes du Sud-Kivu pouvait, si facilement, s'emparer des villes stratégiques de Kisangani – en dépit d'une « contre-offensive, totale, redoutable et foudroyante » officiellement annoncée – et de Lubumbashi ? Prévoyaient-ils qu'elle gagnerait la capitale en moins d'une année ? Camouflées sous diverses rébellions, les troupes rwandaises ne cessent de franchir les frontières congolaises depuis 1998. Elles transforment le territoire congolais en champ de bataille avec les rebelles rwandais, indexés d'*Interahamwe*, ou avec l'Armée ougandaise (comme l'a illustrée la bataille de Kisangani). Elles ne s'empêchent pas, autant que les autres bandes armées, de participer, directement ou indirectement, aux pillages des ressources naturelles du Congo.

À la création de la Garde civile, la visée n'était pas seulement la réconciliation du peuple avec les forces de l'ordre, mais aussi et surtout d'apporter une réponse sécuritaire aux exigences de la délinquance économique, des nouvelles figures de l'insécurité aux frontières et des multiples avatars du terrorisme international. La Garde civile était alors conçue comme un corps d'hommes appelés à épauler les services des douanes et à renforcer la sécurité tout le long des frontières[1]. À ce titre, elle avait pour mission déclarée de veiller à la sécurité publique, d'assurer et de rétablir l'ordre public ainsi que d'assurer une surveillance continue des frontières nationales, d'exercer toutes les missions ordinaires dévolues à la Gendarmerie. Au départ force de police, elle sera cependant transformée en une force militaire d'infanterie légère. Pourtant, le rapport de l'INSED, en 1985, qualifiait la Garde civile d'« approximativement efficace », sans doute, pour accomplir les missions d'une force d'infanterie en cas de guerre. La philosophie ayant présidé à la création de la Garde civile mobilisait une conception nouvelle de la notion d'ordre public. L'ordre public

---

[1] Cf. *Bilan et perspectives*, discours d'investiture prononcé en date du 05.12.1984, à l'occasion du second septennat du Président Mobutu.

colonial était le fruit d'une politique d'occupation, d'asservissement et d'exploitation. L'ordre public des premières années d'indépendance était maintes fois décrit comme porteur des divisions tribales et des opportunismes régionaux. La Deuxième République attendait cultiver l'idée d'une République venue mettre fin à une longue période de simulacre de paix coloniale vers la paix sociale, à travers la lente instauration d'une nation. Cette idée s'est lézardée au tournant de l'année 1989. L'ordre public de la Deuxième République s'est révélé être un ordre porté par la violence, la terreur. Quant à la paix, elle n'a été qu'un simulacre de paix. Plutôt que d'être gardée par la police, le peuple était surveillé par une force militaire d'infanterie camouflée sous les missions de la police.

Défense nationale et défense sociale : Quelles stratégies pour une gouvernance sécuritaire au Congo ?

Depuis surtout le début du XXIe siècle, l'État congolais est à la recherche d'un système de défense et de sécurité à la hauteur de la vocation du pays. L'année 1997 n'a pas seulement marqué la défaite des Forces Armées Zaïroises (longtemps rongées de l'intérieur par la corruption, l'indiscipline et le tribalisme), mais aussi leur mort. Les officiers et les soldats de la DSP se sont dispersés, en s'exilant au Congo-Brazzaville, en France, en Belgique, au Togo, au Maroc, etc. Il n'en a pas été autrement de quelques responsables des services de renseignement militaire. La déconfiture a transformé les Forces Armées Zaïroises en « ex-FAZ », avec tout ce que cette expression comporte d'humiliant et de répugnant.

Dès l'avènement de l'AFDL, la défense et la sécurité ont été prises en charge par une nouvelle police, les Forces Armées Congolaises et une nouvelle agence de renseignement. Le Décret-loi n° 002/2002 du 26 janvier 2002 portant institution, organisation et fonctionnement de la Police nationale Congolaise est venue mettre fin à l'existence de fait, sans base juridique, depuis l'avènement de l'AFDL, d'une Police nationale qui avait pris la place laissée vide par de la Gendarmerie nationale et la Garde civile. Encore est-il que ce Décret-loi, aux effets rétroactifs remontés jusqu'au 27 mai 1997, abrogeait les textes organiques relatifs à la Gendarmerie nationale et à la Garde civile.

Le déclanchement d'une nouvelle guerre, en 1998, et surtout l'assassinat de Laurent-Désiré Kabila, en 2001, ont mis en évidence la nécessité de restructurer le système de défense de sécurité de la République, en suivant la perspective tracée par l'Accord de Lusaka. Celui-ci engageait les belligérants et les acteurs congolais - ceux du Mouvement de libération du Congo, du Rassemblement congolais pour la démocratie, le gouvernement central, l'opposition non armée et la société civile - à organiser un dialogue national, à l'issue duquel serait défini le mécanisme pour la formation d'une nouvelle armée nationale, restructurée et intégrée.

Il existe une armée et une police congolaises mises en place selon l'esprit de l'Accord de Lusaka. Mais le pays aspire ardemment à la paix, principalement dans la partie orientale, où des bandes armées autofinancées ou bénéficiant du soutien des armées régulières étrangères et de quelques acteurs nationaux fragilisent le contrôle social, provoquent d'insupportables tragédies humanitaires et ruinent les efforts de relance économique.

Que faire donc ? Peut-être faudrait-il méditer les mots de H. Bergson. La paix, disait-il, a toujours été jusqu'à présent une préparation à la défense ou même à l'attaque, en tout cas à la guerre. Si nos devoirs sociaux visent la cohésion sociale, alors ils nous imposent, bon gré mal gré, une attitude qui est celle de la discipline devant l'ennemi[1]. Dans le cas de la République démocratique du Congo, l'ennemi n'est pas seulement externe, mais aussi interne.

Les spécialistes s'accordent pour dire que l'État doit défendre l'intégrité du territoire national, maintenir ou restaurer, le cas échéant, la paix civile. C'est là la mission de sécurité confiée à l'armée : assurer la défense nationale contre les agressions extérieures et les insurrections ou dislocations intérieures. L'armée a donc un double rôle de cohésion contre l'étranger et d'intégration contre les disparités intérieures. D'où la forme de force qu'elle prend pour imposer et garantir l'ordre public.

La défense nationale prend le visage de la protection à la fois d'un territoire, d'une population installée sur ce territoire et d'un pouvoir politique s'exerçant sur le territoire et sur la population. Ces trois pôles désignent un réseau d'intérêts politiques, économiques et culturels dont le territoire est la base de référence. La défense

---

[1] Cf. H. Bergson, *Les deux sources de la morale et de la religion*, Paris, Félix Alcan, 1937, p. 26-27.

nationale suppose un vouloir-vivre commun qui cherche à se préserver des menaces provenant d'autres populations dites étrangères et réputées ennemies. Armée et ennemis effectifs ou potentiels vont de pair.

Avec la création de la Garde civile, la philosophie sous-jacente n'était plus celle qui consiste à proclamer que l'armée et la police sont toutes deux chargées du maintien de l'ordre et de la sécurité tant des personnes, de leurs biens que du territoire national. Le devoir de sauvegarder la tranquillité, la paix publique, la paix sociale, ce devoir ne s'entend pas de la même manière de part et d'autre. La distinction latine entre *hostis* (ennemi de l'extérieur) et *innimicus* (adversaire) est alors d'une importance capitale. Cela d'autant plus que l'article 87 de la Constitution de la Deuxième République, évoquée dans les visas de l'Ordonnance-Loi portant création et organisation de la Garde civile, cet article déterminant les domaines de la loi, ne citait pas les corps de police. Il faut penser que c'est en référence au concept de défense nationale, entendu au sens large, qu'à été constitutionnellement fondée la création de la Garde civile.

Les spécialistes des questions militaires et sécuritaires enseignent qu'il existe, au sens strict, une notion fondamentale à la défense nationale : ennemi au sens du latin *hostis*, c'est-à-dire ennemi de guerre, ennemi de la Patrie. Les rebelles agressent la patrie comme un chancre, les envahisseurs sont des étrangers ou des étrangers camouflés derrière des citoyens armés qu'ils manipulent et utilisent comme des paravents. Dans ce cas, c'est pour un état de guerre, un état d'exception, notamment l'état de siège, que la défense se prépare. Il s'agit d'un état qui fait suite à une déclaration de guerre. La défense nationale s'oriente aussi vers la gestion d'un autre état d'exception : l'état d'urgence, occasionné par des circonstances graves menaçant le fonctionnement des institutions et portant atteinte aux intérêts vitaux de l'État.

Préoccupée par l'ennemi qui menace les frontières ou qui se trouve déjà sur le territoire, la défense nationale, organisée comme force de dissuasion ou comme force d'attaque, est à l'affût des formes multiples que peut prendre la guerre dans un contexte où la frontière entre la paix et la guerre est devenue tangentielle et nébuleuse[1]. La nation n'est pas seulement menacée que par les guerres, mais aussi la délinquance et diverses formes de criminalité. Au concept d'*hostis*, se substitue alors celui d'*innimicus*, pour désigner celui qui s'en prend à la société civile sans pour autant viser l'éclatement, la fragmentation de la patrie dont il se réclame citoyen.

Plutôt que d'opposer la paix à la guerre, le délinquant met en exergue le caractère précaire de la paix. Là où la préoccupation première de la défense nationale était le territoire, et subsidiairement la population, on trouve la population dans son existence civile. La défense se dit alors défense sociale, en un sens bien particulier. La défense sociale s'organise contre les agresseurs de la société civile. Depuis la Deuxième République, les agressions les plus pernicieuses exploitent la porosité des frontières pour développer la criminalité internationale ou elles minent l'économie par la fraude, les pillages des ressources naturelles, la fuite des capitaux et les autres formes de la criminalité économique.

Le système de défense et de sécurité du Congo devrait être à la hauteur de ces agressions et de ces criminalités qui se sont multipliées et sophistiquées depuis les années 1990. Sous la Deuxième République, il est apparu que la lutte menée dans le cadre de la défense sociale ne visait pas l'élimination des agresseurs, mais la disparition des agressions. L'objectif n'était pas de supprimer les délinquants, mais de réduire la délinquance, de la comprimer dans les « galeries souterraines » de la société. La Deuxième République tenait seulement à restaurer l'ordre public là où la défense nationale s'employer à protéger la chose publique, principalement le régime totalitaire.

La sauvegarde de l'ordre public à travers la protection des personnes et des biens signifiait sauvegarde de la société civile dans son existence historique et complexe. Aussi la Garde civile prétendait-elle s'intéresser à ce qui s'appelle ordre public, paix sociale, c'est-à-dire l'ordre intérieur : la défense sociale contre l'ennemi de l'intérieur, le bandit, le gangster, le terroriste, le délinquant quel qu'il soit. Mais cet ordre intérieur tendait à dépasser

---

[1] Likulia Bolongo, « Réalisations et performances des forces armées zaïroises en vingt ans de révolution », in Sakombi Inongo (dir.), *Mélanges pour une révolution*, Kinshasa, Lokole, 1987, p. 305.

les frontières nationales compte tenu du va-et-vient des criminels et de l'internationalisation des réseaux criminels.

De l'intérieur, l'État recherchait toujours un équilibre entre les forces de la défense nationale et celles de la défense sociale, compte tenu des menaces auxquelles il était confronté. Cela entraînait un voyage incessant entre le pôle de la défense nationale, c'est-à-dire de l'armée, et celui de la défense sociale, c'est-à-dire celui de la police. Au gré de l'évolution idéologique, de la politique de défense et de la politique criminelle, le Parti-État glissait sur la piste qui va d'un extrême à l'autre, notamment de l'occupation par l'étranger ou par des rebelles venus de l'extérieur à l'état de paix, où l'idéologie officielle voulait que l'on dise que le peuple s'est donné à lui-même une police. C'est de cette façon que les dirigeantes du Parti-État escomptaient maintenir l'existence de la « nation zaïroise ».

En créant la Garde civile, l'État voulait signifier l'évolution progressive d'un statut marqué par l'armée à une société civile soucieuse de se donner elle-même ses propres lois, d'organiser son propre contrôle par le biais d'une police qui soit le reflet de ses propres aspirations. On peut aussi comprendre que l'évolution interne des forces de l'ordre sous la Deuxième République attendait se mettre au diapason des défis et enjeux de l'évolution mondiale des relations humaines. Avec à la fois comme conséquence de l'internationalisation de la criminalité et de la porosité des frontières nationales. Dès lors, et sous prétexte de défendre la société, on visait, en fait, la défense du pouvoir, surtout après les guerres du Shaba.

Pour un nouveau système de gestion de l'ordre public et de la paix

Les acteurs politiques congolais, autant que les acteurs internationaux, s'accordent sur la nécessité de restructurer le système de défense et de sécurité de la République démocratique du Congo, en construisant une armée et une police intégrées, républicaines, efficaces, professionnelles et respectueuses des droits de l'homme. Le processus d'intégration et de brassage de différentes forces ou groupes armés a été déclenché et s'est effectué, non sans quelques réticences. Désormais des centres de formation sont à nouveau opérationnels. Le processus a eu entre autres mérites l'amorce des mouvements croisés de quelques troupes en vue d'escompter la permutation de bataillons ou de brigades et la mise en place des états-majors intégrés, et de la structure militaire d'intégration.

Il semble cependant que ce processus comportait deux grandes faiblesses. Tout d'abord, la discipline, cette mère des armées, n'a pas été au rendez-vous, dans la mesure où l'on a maintes fois remarqué, sur terrain, que certains bataillons se comportaient, quand même, comme un ensemble composite d'hommes et des femmes qui ne sont pas tous animées par les sentiments républicains. L'appétit d'accumulation illicite des richesses et la recherche des honneurs que procurent les grades les plus élevés semblent être l'un de maux à combattre. Ensuite et en fin, ce processus a fait l'économie de deux éléments importants : le niveau d'instruction exigible aux officiers en charge de commander des troupes, de planifier ou de conduire des opérations de défense ; la légitimation d'une politique d'armement qui permettrait aux nouvelles Forces armées de s'équiper efficacement et de s'ajuster aux défis posés par les différentes formes d'insécurité au sein de la société congolaise et, globalement, dans les sous-régions de l'Afrique centrale et des grands lacs africains.

Une objection aurait voulu que l'on reconnût que la sécurité de l'État ne fût pas fonction de son armement ou de sa militarisation. C'est partiellement vrai. La paix, l'ordre public et la liberté n'ont-elles pas toujours été, partout, défendus et protégés ? Dans ce cas, les armes ne sont nullement synonymes d'absence de liberté, fruit elle-même de la paix, c'est-à-dire de l'ordre social. En rappelant que Rome et Sparte étaient restés libres tout en étant armées, N. Machiavel a pu conclure que de bonnes lois et de bonnes armes sustentent les fondations des États. Évidemment, les bonnes armes doivent marcher de pair avec la justice. Au demeurant, il faudrait toujours chercher à allier la force et la justice, ainsi que l'aurait conseillé B. Pascal : la justice sans la force est impuissante ; la force sans la justice est tyrannique. La justice sans force est contredite, parce qu'il y a toujours des méchants ; la force sans la justice est accusée. Il faut donc mettre ensemble la justice et la force. Au demeurant, faire que ce qui est juste soit fort ou que ce qui est fort soit juste.

C'est sans doute en relevant le défi posé par la construction d'un système de défense et de sécurité que l'État devrait se doter d'un moyen qui lui permettra d'accomplir une autre tâche nécessaire à la bonne gouvernance de la société congolaise : (re)construire une Administration publique au diapason des défis et des enjeux auxquels le Congo fait face depuis la fin de la guerre-froide qui a marqué la fin de son rôle de sous-traitant sécuritaire en Afrique centrale et dans la région des grands lacs africains pour le compte du bloc capitaliste dans sa guerre contre le communisme. Il ne s'agira plus de (re)construire l'Administration pour permettre à l'autorité publique d'agir dans ses intérêts, de gouverner de façon minimale. L'Administration publique est requise, au même titre que le gouvernement, comme une des exigences du bien public, de l'ordre public, de l'intérêt général et de la réalisation de la vocation de la puissance africaine du pays. Quand l'autorité gouverne en donnant des ordres aux citoyens ou en mettant ses services à leur disposition, elle gère la fin de l'État ; quand elle administre, fait fonctionner les services, elle gère l'État lui-même[1], et ainsi elle œuvre à engager le pays sur la voie d'une puissance stratégique dans le concert des nations de l'Afrique centrale et de la région des grands lacs africains.

Pour éviter que les détenteurs de l'autorité publique ne détournent l'Administration de sa fin, le législateur devra élaborer ou revisiter des lois en matière des rapports publics : des règles de compétence, de conduite, doivent être respectés par tous les citoyens, fonctionnaires et dirigeants. Nul ne peut se mettre au dessus de la loi, tant qu'elle a été élaborée et promulguée par l'Instance habilitée à le faire. Ce faisant, l'État de droit est celui qui est fondé sur des règles et qui fonctionne conformément à ces règles. C'est celui au sein duquel les citoyens inscrivent leurs comportements dans l'ordre des lois.

Conclusion

Tenter de montrer de quelle manière l'ordre public et la paix ont été gérés en République démocratique du Congo, tel était le premier pari de ce texte. Cela a permis de saisir la complexité de la société congolaise par le truchement de l'un de ses points

[1] *Ibid.*, pp. 236-237

névralgiques : le secteur de la défense et de la sécurité. Car le texte a rappelé la complexité historique et géostratégique de la naissance du Congo et a indiqué l'horizon de la mise en place, au XIXe siècle, d'un système de défense et de sécurité.

Notre propos s'est efforcé de révéler pourquoi l'ordre public a été gardé de telle manière plutôt que de telle autre à un moment donné de l'histoire. La question de l'ordre public et de la paix est alors devenue un prétexte pour prendre à bras le corps un projet de société à travers ses actualisations concrètes, c'est-à-dire pour saisir la forme d'un État et comprendre la philosophie de sa gouvernance. C'était le deuxième pari.

Le dernier pari a consisté à esquisser une solution en rapport avec la problématique de la gestion de l'ordre public et de la paix. Si les forces armées et la police ont été mises au service d'une idéologie et d'un homme, à un moment de l'histoire du Congo, les convoitises, les crises, les diverses formes de criminalité qui minent le contrôle social appellent une restructuration du système de défense et de sécurité. Cette restructuration devrait concerner l'Administration afin de rebâtir l'État, au sens normatif. Mais l'État, autant que la paix et la liberté, ne peuvent être défendus ni sécurisés sans les moyens nécessaires : des bonnes armées et la justice. Il serait aujourd'hui prioritaire de penser ensemble la force et la justice, et surtout de les faire marcher ensemble pour une nouvelle gouvernementalité du territoire, des institutions et des peuples qui vivent sur ce territoire. La reconstruction de la puissance publique et de la réalisation des ambitions du pays, en tant qu'il est u n enjeu stratégique depuis le XIXe siècle et en tant qu'il occupe une place géostratégique en Afrique centrale, passe par là.

Pour une nouvelle géopolitique régionale du développement de la RDCongo

Philippe Biyoya Makutu Kahandja

« Le développement de la RDC est avant tout question de son devenir institutionnel et de la reconstruction de son indépendance. Mais l'implication de la communauté internationale hier, et de la communauté africaine aujourd'hui met à l'avant-plan l'exploitation des immenses ressources naturelles sans plan directeur du développement au moyen de conseils de réduction de la pauvreté. L'Afrique qui est en renouvellement de partenariat de développement avec le monde, peut-elle aider et soutenir l'initiative d'un développement global de ce pays ? C'est là une invitation à la nouvelle géopolitique africaine du développement de la « RDC ».

Pour être un pays membre des Nations Unies et de l'Union Africaine, soit un pays indépendant, la République démocratique du Congo doit ses malheurs du passé et du présent au caractère fort limité de sa souveraineté qui n'aura pas permis d'affranchir son État de son statut colonial d'une simple administration et le propulser au statut d'une puissance souveraine.

Peut-être que cette caractéristique ne serait pas singulière à la RDC puisqu'elle est le lot commun de tous les États subsahariens, excepté la République Sud-africaine. Mais de tous les États africains, seul l'État « Rdc » constitue, en la matière, une vraie exception à cause de sa création d'origine extra-africaine comme propriété d'un souverain européen, obtenue dans un contexte mondial européen ; et aussi à cause du fait de sa cession à la Belgique et aussi à un autre pays la France qui en détiendrait un droit réservataire. Bien plus, la RDC aura été le seul État indépendant de l'époque transformé sans guerre de conquête en colonie d'exploitation quoique toujours soumise au régime du Bassin Conventionnel du Congo qui, en principe, interdisait la création dans l'espace ainsi défini d'un État réellement indépendant et vraiment souverain. L'accession malgré tout à l'indépendance de cette double propriété franco-belge se fit dans le drame, la puissance administrante, le Royaume de Belgique, décida d'attaquer par les armes la jeune indépendance et plongea ainsi dans la crise la souveraineté nationale naissante en lui imposant un démembrement territorial par le soutien qu'il apporta aux sécessionnistes Katangais. Et depuis, quelle qu'eusse été l'évolution politico-institutionnelle des États de l'Afrique noire, l'État congolais était privé du choix d'un avenir national autonome autre que celui résultant du rapport des forces mondiales du contexte de la guerre froide.

Lorsque se termine la guerre froide et finit le régime politique zaïrois, la géopolitisation du contexte régional, pour les besoins du nouveau contexte mondial hégémonique, soumet le développement de l'espace national congolais, privé de pouvoir légitime, à la loi du développement des nouveaux rapports de forces régionaux. Depuis, la RDC ne peut plus avoir un destin individuel, son avenir résidant dans le destin commun régional et dans le développement partagé d'un espace de paix, de sécurité et de stabilité et d'une zone économique et de prospérité[1].

Dès lors, la question de son développement à partir de ses atouts spécifiques parait de portée limitée et l'exercice gagnerait à interroger les chances de son développement à partir du nouveau contexte régional et à partir des instruments élaborés à cet effet par la Conférence internationale sur la Région des Grands Lacs africains. Et si l'on en croit les études qui attribuent le retard actuel de l'Afrique au mal de ses États[2], la perspective retenue gagne en pertinence justement parce que la RDC en mal de l'effondrement de son État atypique vient de bénéficier du concours multinational de l'Union Européenne et de l'Organisation des Nations Unies aux fins de son redressement politico-institutionnel en même temps que les Nations Unies, de concert avec les pays du champ de la Conférence de la Région des Grands Lacs, lui aménageaient un nouvel environnement régional de développement partagée à travers un grand marché peuplé, non d'entreprises mais de projets intégrateurs dont on ne sait pas s'ils sont nationaux ou régionaux. Ces projets sont conçus sur les promesses de contributions au Fonds de Reconstruction, et non

---

[1] Voir le Pacte sur la paix, la sécurité et la stabilité.

[2] Lire *L'Afrique malade de ses États* de Matthew Loockwood.

pas, autour du principe, par exemple, de l'interdépendance des économies nationales.

La dimension régionale de la géopolitique du développement de la République démocratique du Congo devra nous permettre une meilleure identification des acteurs nationaux et/ou internationaux de son développement national. La précision s'impose du reste quant à l'aspect du développement de la RDC pris en compte par une analyse géopolitique. Il s'agira avant tout du développement interne ou institutionnel, soit de la capacité du développement politique d'un État en refondation au moyen d'une gouvernance alternative en mesure de transformer le système régional de guerre des pillages économiques en système de coopération pour le développement.

Ce faisant, le présent propos s'article autour de quatre principaux axes dont : les considérations générales sur le mal africain à la base du retard du continent sur tous les plans ; l'appréciation critique de l'économie de l'engagement mondial de « la Communauté internationale » à travers l'Union Européenne et l'Organisation des Nations Unies au redressement de l'État congolais, pour jauger les possibilités d'une nouvelle gouvernance et surtout de la volonté propre de développement de nouveaux dirigeants congolais ; l'évaluation critique du nouvel environnement régional de paix et de coopération pour un développement régional partagé ; la recherche ou l'identification des facteurs à la base de la tendance à la géopolitique régionale de tragédies et de pillages des ressources naturelles congolaises avec comme contrepartie l'aggravation de son sous-développement, de la pauvreté et de la misère de ses populations.

Il s'agira pour nous de savoir si ce n'est pas l'intériorisation par les Congolais de la géopolitique frantz-fanonienne, révolutionnaire, fondée sur la seule position géographique du Congo sur la carte de l'Afrique qui étoufferait tout réflexe de géopolitique nationale, préalable à toute politique ambitieuse dont celle du développement ?

Le nouveau consensus régional sur le rôle de la RDC dans le destin commun et le développement partagé de la Région des Grands Lacs obtenu par l'Onu au moyen d'un *Pacte Régional sur la Paix, la Stabilité et le Développement* signé en décembre 2006 au Sommet de Nairobi au Kenya reproduit trop fidèlement l'autre consensus de Berlin du XIXe siècle sur la propriété du Souverain des Belges qui aura été à la base de tous les malheurs congolais jusqu'alors, qu'il importe de se demander en quoi l'avenir congolais post-conflit sera-t-il différent de celui d'hier qui n'est pas nécessairement passé ?

Le plaidoyer pour une nouvelle géopolitique régionale du développement de la RDC se veut avant tout un effort de répudiation de la tendance à faire de la RDC une vaste zone franche africaine non industrialisante mais dont l'accès libre doit être garanti par une sous-administration territoriale ou encore par la déterritorialisation du pouvoir congolais lui-même, du fait des agressions armées ou de l'exportation sur son territoire de l'instabilité des pays voisins. C'est, nous semble-t-il, cette version biaisée de la « vision Frantz Fanon » du rôle géopolitique du Congo gâchette du revolver Afrique qui le justifierait.

Les causes du retard africain

Pays central, sinon important, d'un continent en mal du développement, la RDC peut-elle partir sans les autres ? La perspective du développement de la RDC dans le contexte actuel du monde appelle à l'identification des facteurs généraux qui retiennent la marche de tout un continent et justifient ses contre-performances en termes de développement. Cela nous permettra de relever ce qui dans ce tas constituerait une spécificité congolaise de façon à clarifier la notion même d'acteur du développement de la RDC. À cet effet, nous nous référerons aux commentaires du livre de M. Lockwood présenté par M. Gauchet et K. Pomian dans *Le Débat n° 137* de novembre-décembre 2005, pp. 86-105.

Dans *L'Afrique malade de ses États*, M. Lockwood identifie cinq dimensions du problème africain du retard ou de l'absence du développement en laissant clairement voir que c'est l'État qui est censé être le principal acteur du développement en Afrique comme dans le cas des pays émergents de l'Asie du Sud-est qui sont des *« États développeurs »*, qui fait défaut. L'Afrique manque d'États développeurs. Ceux-ci ne sont pas devenus des États développeurs à cause principalement :

1) de la pauvreté chronique en dépit des interventions intempestives et multipliées des institutions internationales et des organismes de développement de tous genres ;
2) de la marginalisation de l'Afrique de l'économie mondiale, où sa participation au commerce mondial demeure dérisoire quand elle n'est pas simplement envisageable par exemple dans l'économie mondiale des services ;
3) de sa forte dépendance à l'aide internationale dans les investissements et les systèmes de santé et de l'éducation mais que la Banque Mondiale encourage toujours à travers les *Documents stratégiques de Réduction de la Pauvreté* (DSRP) qui, puisque ne prenant pas en compte le devoir pour l'Afrique de participer à la production mondiale, la confine à la marge de l'économie mondiale ;
4) de la distance qui désormais sépare l'Afrique de l'Asie dont la Chine vient d'inaugurer à l'instar du Japon et de l'Europe une diplomatie globale d'assistance et d'aide à la pauvreté par des Sommets Chine-Afrique ;
5) des effets de la pandémie du Sida qui emboîte le pas à la traite négrière à sa manière dans une économie mondiale de moins en moins dépendante de la force humaine du travail.

Selon ce qui précède, le problème du développement de l'Afrique en général et de la RDC en particulier demeure lié inextricablement à la nature des États expérimentés en Afrique et dont la rationalité fonctionnelle justifie tous les blocages identifiés. La RDC dont l'immensité des ressources a fait dire qu'elle était un scandale géologique, figure aujourd'hui au nombre des pays pauvres et très endettés et qui tiennent les hits parades des classements mondiaux en corruption et en mal gouvernance.

L'agronome R. Dumont, en son temps (1962), avait dit que *l'Afrique noire était mal partie* à cause des choix politiques de nouveaux États qui sont du reste, demeurés insensibles et sourds aux avertissements de T. Mende au sujet de *l'aide* qui reconduirait à *la recolonisation*. Le tableau des maux dont souffre l'Afrique et la RDC montre donc clairement l'incapacité de l'État africain d'organiser l'espace national ou continental en fonction des contraintes externes et des déterminants des rapports de force mondiaux en l'exemple des pays latino-américains ou de l'Amérique centrale qui à l'époque de la guerre froide se résolurent à la doctrine de la sécurité nationale pour s'aménager des espaces de liberté dans un contexte géopolitique mondiale très difficile[1]. L'Afrique aurait-elle fait autrement triompher la France-Afrique si elle avait intériorisé le réflexe géopolitique dans la gestion de l'indépendance pourtant chèrement acquise ? La RDC paie aujourd'hui le prix de son insertion involontaire dans la stratégie des superpuissances de la guerre froide sans perspective ou contrepartie de construction de la dimension nationale de la volonté de puissance, ne fut-ce que régionale, le drame, à en croire de nombreuses analyses sur la RDC alors ex-Zaïre, partenaire stratégique régional des USA, de la France et de tout l'Occident libéral dans la lutte contre le communisme à l'époque, c'est que son arrimage stratégique à l'Ouest ne l'a pas empêché de devenir « un degré zéro »[2], l'autre nom de l'État effondré selon la terminologie de W. Zartman[3].

Point donc de perspective crédible de développement de la RDC sans perspective de refondation de l'État en tant que République et en tant que démocratie au Congo et en Afrique.

Acteurs du redressement politico-institutionnel de la RDC

La crise du politique en RDC aura été d'une telle profondeur que la fin du règne du Maréchal Mobutu, à bien d'égards assez doué dans l'art de la politique a coïncidé avec la fin de la politique et l'émergence des logiques féodales de seigneurs de guerre

---

[1] Cas du Brésil, Voir Michel Schooyans, *Destin du Brésil, la technocratie militaire et son idéologie*, qui nous apprend comment l'essor économique de ce pays s'accompagnait simultanément d'un effort énorme d'aménagement du territoire, p.7. Voir aussi Joseph Comblin, *Le pouvoir militaire en Amérique Latine, l'idéologie de la sécurité nationale*, Paris, Jean-Jacques Délarge, 1977.

[2] Jean-Jacques Servan Schreiber emploie cette expression dans son *Défi mondial*, livre et documentaire. Lire aussi Suzanne Georges à propos de l'enquête sur l'endettement du Tiers monde.

[3] Auteur du livre *L'effondrement de l'Etat, la restauration de l'autorité légitime.*

évoquées déjà à l'occasion de la Conférence Nationale Souveraine par Victor Nendaka[1]. Le processus de démocratisation déclenché par le discours du 24 avril 1990 engendra malheurs et tragédies nationaux jusqu'aux guerres et agressions doublées des rébellions armées et de la première guerre mondiale africaine. Et à la faveur de la guerre mondiale africaine, la Communauté internationale s'ingénua à échafauder de nouveaux équilibres régionaux autour du cadavre de l'État congolais pour penser les plaies des tragédies régionales dont personne en leur temps, ni l'Onu, ni l'OUA de l'époque, encore moins l'Afrique du Sud ou les USA n'avaient su soigner ou empêcher. La RDC était devenue si vulnérable que son mal empirait les maux déstabilisants des pays voisins. Et l'Accord de cessez-le-feu de Lusaka ne trouvera pas mieux de situer la guérison du mal des pays voisins dans la guérison du mal congolais, parce que le conflit en RDC, tout en demeurant congolais, avait une double dimension interne et externe[2].

Comme on peut bien l'avoir remarqué, les Congolais n'avaient pas su tirer profit de la démocratisation. Il devint alors clair que les ex-Zaïrois étaient devenus ivres ou fous de la démocratisation et que l'avenir institutionnel dans le sens de la stabilité interne et externe serait l'affaire des bienveillants partenaires du monde ou de la Région. Le renversement du régime Mobutu par une coalition d'États parrainée par les pays voisins en accord avec la Communauté Internationale dont l'ONU et l'Union Européenne, l'Organisation de l'Unité Africaine (OUA) et les pays de l'Initiative Africaine conduite par Julius Nyerere de la Tanzanie, Robert Mugabe du Zimbabwe, Eduardo Dos Santos d'Angola, Yoweri Museveni de l'Ouganda et autres, ne permit malheureusement pas de reconstruire la stabilité intérieure de la RDC qui avait longtemps stabilisé la Région des Grands Lacs et l'Afrique Centrale. Puisque le désordre politico-institutionnel congolais était perçu comme une menace de plus grande instabilité régionale et, que la première guerre mondiale africaine apparaissait aux yeux des observateurs comme une guerre aux

[1] L'homme est lié à l'histoire de la congolisation en 1960 et de l'assassinat de Lumumba. C'est par hasard lui aussi qui évoque l'hypothèse du développement d'un système régional de guerre lorsque le régime Mobutu qu'il contribua à édifier prend de l'eau de partout dans les années 1980.

[2] Art 3 de l'Accord de cessez-le-feu de Lusaka, Juillet 1999.

vrais enjeux de politique de puissance[1] par la détermination des uns et des autres à faire mains basses sur les ressources naturelles du Congo, la Communauté internationale, suite aux pressions américaines, obtint un Accord de cessation des hostilités militaires en vue d'un dialogue inter-congolais devant déboucher sur un nouvel ordre politique et institutionnel porteur de paix interne et externe.

Ce développement institutionnel et politique devait être l'œuvre des Congolais qui étaient du reste conviés aux négociations politiques de renouvellement des institutions. Mais la moralité oblige de reconnaître que sans l'implication du Secrétaire Général de l'ONU, l'Africain Koffi Anan, du Président Sud-africain Thabo Mbeki, du Vice-Premier ministre belge et Ministre des Affaires étrangères Louis Michel, de l'Union Européenne, de l'Union Africaine et de toute la Communauté internationale, le dialogue inter-congolais n'aurait pas eu lieu. L'échec du dialogue inter-congolais à produire un nouvel ordre politique et institutionnel et la signature sous pression 8 mois après d'un Accord global et Inclusif de partage des responsabilités d'État se sont vivement ressentis dans le fonctionnement des Institutions politiques de la transition fortement appuyée par la Communauté internationale, ainsi que son incapacité à ressusciter l'État congolais de son effondrement.

Le schéma fonctionnel de l'État transitoire, « 1+4 » aura fortement accentué le caractère atypique et non-développeur de l'État congolais au point qu'une institution de la transition chargée d'arbitrage des conflits interinstitutionnels vint à usurper la direction de la transition, voire du pays. Le Comité International d'Accompagnement de la transition (CIAT) est apparu comme le seul vrai acteur du processus de la transition dans le seul objectif : organiser les élections.

L'impossibilité dans laquelle les institutions de la transition se sont trouvées de remettre en chantier l'État et de lui insuffler un air de vie nouveau n'aura pas permis aux opérations électorales de sanctifier l'État inexistant. Le succès célébré des opérations électorales, on le doit aux efforts de l'Union Européenne et de tous les intervenants externes à mettre en

[1] Allusion faite lors de la présentation du livre de Colette Braeckman, *Les Nouveaux Prédateurs, une politique de puissance* (2004).

échec, et à les écarter du processus, Etienne Tshisekedi et ses partisans qui osèrent bouder l'organisation du référendum constitutionnel et avaient appelé au boycott. L'issue des opérations électorales aux premier et second tours montrèrent les limites et les ratés d'un processus de paix par les élections qui n'avaient plus rien à avoir avec l'objectif du nouvel ordre politique et institutionnel qui devait favoriser la stabilité intérieure et la stabilité extérieure des pays voisins. Les partis politiques principaux acteurs du nouvel ordre politique et institutionnel recherché sont sortis plus que jamais affaiblis du processus électoral devant le poids des clivages régionaux et ethniques ; la grande implication de la Communauté internationale dans le financement de la Commission électorale indépendante n'a pas permis le triomphe de la transparence. La non participation de l'opposition tshisekediste aux élections pour des raisons sus-évoquées, a privé aux élections grandissimes d'être vraiment libres.

L'histoire dira comment les institutions politiques issues de ces élections auront travaillé pour sortir le pays de son piège historique d'immobilisme politique et institutionnel et aussi de l'hétérodétermination souvent à la base de convulsions retardataires ou paralysantes de tout effort de développement tout court. Cette appréciation critique de l'action redresseuse de l'État congolais effondré s'additionne à notre évaluation aussi critique de l'autre processus auxiliaire à celui général de paix par le dialogue et les élections, savoir, la Conférence internationale sur la Région des Grands Lacs autour principalement de la crise congolaise.

L'apport d'un Nouvel environnement régional de paix et de développement

L'ONU n'a pas attendu la conclusion d'un Accord inter-congolais en Afrique du Sud pour convoquer les États de la Région des Grands Lacs en Conférence internationale sur la paix, la sécurité, la démocratie et le développement. Les États de la région avaient le devoir désormais de transformer leur espace en zone de paix et de développement en s'engageant à œuvrer pour un destin commun et un développement partagé. La RDC du fait de ses appartenances géographiques multiples à d'autres coins du continent devait géopolitiser sa centralité et mettre ses immenses potentialités économiques au profit d'un grand marché régional. La Communauté internationale pourvoirait en ressources de financement du Fonds de la Reconstruction. Depuis le 15 décembre 2006 à Nairobi, le 2è Sommet de la Conférence Régionale a obtenu la signature du *Pacte sur la paix, la stabilité et le développement et la RDC* par son Président de la République a fait la promesse d'une contribution à concurrence de 1.000.000 de dollars américains, après la Tanzanie et le Royaume des Pays Bas.

Les Hautes Parties à ce pacte, tous membres de l'ONU, de l'Union Africaine et pour certains de la Communauté économique des États de l'Afrique Centrale et aussi de la SADC se sont donc engagés à transformer la Région des Grands Lacs, dans le cadre de leur destin commun, (défini nulle part), en un espace de paix et de sécurité durables, de stabilité politique et sociale, de croissance économique et de développement partagé, par une coopération et une intégration multisectorielles au seul profit de leurs peuples, en réaffirmant leur détermination individuelle et collective de fonder les relations entre leurs États sur les instruments juridiques internationaux et les principes fondamentaux universels (non définis) : les options politiques prioritaires et les principes directeurs de la Déclaration de Dar-es-Salam.

La région des Grands Lacs, et non la RDC, devra ainsi devenir une zone spécifique de reconstruction et de développement, les Hautes parties restant déterminées à relever ensemble le défi de la reconstruction et du développement avec la pleine participation de tous leurs peuples en partenariat avec les organisations de la société civile, les femmes, le secteur privé et les organisations religieuses, ainsi qu'en coopération étroite avec les organisations régionales compétentes, l'Union Africaine, les Nations Unies et la Communauté internationale.

Il n'est pas moins étonnant de constater à ce niveau des engagements qu'aucune mention ne soit faite aux préalables internes des États malades de la Région dont la santé préoccupante aura justifié la convocation de la Conférence, notamment le préalable de la restauration nationale de l'État au titre de laquelle se comprendraient les engagements au respect des principes de démocratie et de bonne gouvernance, et, aussi de la relance et de la reconstruction économique. De tous les pays du champ, hormis l'Angola, seule la RDC a connu de destructions des infrastructures et de l'environnement depuis le génocide rwandais et à la suite des guerres d'agressions et de rebellions armées couronnées par la première guerre mondiale africaine. Dans quelle mesure ou à quelle condition la reconstruction collective de la Région des Grands Lacs avec les contributions financières de la RDC ne sacrifierait-elle pas la reconstruction indispensable de la RDC qui devra comme, on l'aperçoit, porter le poids de cette entreprise ? Le non engagement régional à prioriser le relèvement politique, institutionnel et économique congolais parce qu'en vérité la RDC aura été la victime de l'érection de la Région des Grands Lacs en système des guerres, reproduirait la structure de soutien de la Conférence internationale coloniale de Berlin à l'entreprise du Souverain des Belges d'un espace commercial accessible à tous sans obligation de construction étatique et d'un développement économique.

Par ailleurs, le Pacte ne réussit pas à démontrer ce qui réellement de spécifique obligeait à l'institutionnalisation de la Conférence que les organisations régionales reconnues compétentes par le Pacte ne pouvaient pas traiter ou résoudre séparément. Le doute s'accroît lorsque l'on apprend que le premier objectif du Pacte ce n'est pas la transformation de la Région des Grands Lacs de la zone de guerre en zone de paix, le sous-développement et la pauvreté des États n'étant qu'indirectement liées au système régional de guerre, par la création des États stables et durables, mais de donner un cadre juridique aux relations entre les États membres, auquel le présent pacte s'applique (art. 4).

Même l'objectif de créer les conditions de sécurité, de stabilité et de développement durables entre les États devient fallacieux dès lors que la Conférence des Grands Lacs elle-même ainsi que son pacte ne se construisent pas autour d'une volonté, mieux, des efforts de réconciliation entre protagonistes ou belligérants, mais plutôt sur la volonté de chacun des membres du champ d'application du Pacte de se protéger contre le système régional de guerre constitué historiquement par la permanence de l'instabilité de plus petits États de la Région ; précaution qui a vu les anciens pays membres de l'UDEAC chercher refuge au sein de la Communauté économique et monétaire de l'Afrique centrale (CEMAC) au détriment de la CEEAC qui, elle, réunit justement l'ex UDEAC avec l'ex CEPGL plus l'Angola, Sao Tome Principes et Guinée équatoriale. La stabilité recherchée par le Pacte aurait dû être entendue comme stabilité politique et institutionnelle du Rwanda, du Burundi et de la RDC, garanties par l'engagement régional de confirmation et de consolidation.

C'est surtout au niveau des principes fondamentaux du Pacte que le ridicule, le cynisme atteint le comble : les États membres s'engagent à fonder leurs relations sur le respect des principes de souveraineté nationale, d'intégrité territoriale, de non-ingérence dans les affaires intérieures des autres États membres, de non-agression, de coopération et de règlement pacifique des différends. Tous, principes classiques des relations internationales incompatibles du reste avec l'ambition d'intégration régionale. Preuve que les Experts chargés de négocier le protocole avaient été chacun instruit à surveiller les libertés des autres et à utiliser le cadre à instituer pour le triomphe de l'intérêt individuellement national.

Pour une initiative onusienne née d'un problème réel, l'instabilité régionale généralisée et accentuée par la trop grande impuissance du pays pivot de l'équilibre régional, la RDC devenue par trop vulnérable aux desseins des pays voisins et dont du reste les ressources et richesses internationales étaient l'objet des pillages à travers des économies de guerre, le résultat aurait dû être différent. Que le Pacte sur la paix, la stabilité et le développement n'ait pas réussi à construire le destin régional commun et le développement partagé sur le principe de l'interdépendance économique et commerciale entre les États membres et aussi sur le principe du soutien régional à la restauration institutionnelle et politique des régimes stables des États de crises, l'on doit se demander de quelle géopolitique participe-t-il ?

Le plus grand intérêt de l'initiative onusienne aura été et demeurera à ce jour de s'attaquer à la crise régionale due à l'instabilité généralisée des États de la sous-région des Grands Lacs dont les effets sur la stabilité de la région de l'Afrique centrale étaient désormais plus que manifestes. C'est dommage que le « Pacte » des Grands Lacs ne donne aucunement la mesure d'une telle ambition. Il est plein de pétitions de principes et ne comporte aucun organe international doté d'assez d'autorité pour espérer qu'il pourra contribuer à modifier un tant soit peu les comportements des États dont certains fondent leurs raisons de guerroyer demain contre les autres sur les clauses de la Déclaration de Dar-es-Salam qui devrait obliger plus certains que d'autres. Le Rwanda, par exemple, n'estime pas partager avec la RDC la responsabilité de combattre et d'éradiquer les rébellions armées rwandaises installées en RDC parce que du devoir de la RDC. Le Protocole sur la non-agression et la défense mutuelle est assez creux et ne contient aucun engagement crédible, la rébellion armée n'ayant pas été condamnée et l'éradication des groupes armés ne devenant pas une obligation régionale dévolue à l'autorité du Pacte ou de l'un de ses organes inexistants.

Comme on doit l'avoir constaté le nouvel environnement régional favorable à la paix et au développement de la RDC ne serait pas de nature à contribuer à la refondation d'un État congolais développeur participant aux enjeux globalitaires de l'économie mondiale. Les devoirs régionaux du Nouvel État en refondation pourront désormais, du fait des multiples appartenances du pays à une multitude d'organisations régionales devenir la fameuse pierre de Sisyphe qu'il faudra toujours rouler avec l'espoir d'y parvenir un jour.

La RDC avait besoin de la Région et de la Communauté internationale pour bénéficier des soutiens des uns et des autres dans la remise en l'état de ses institutions politiques et de son économie de façon à prouver à tous de la reconnaissance, une fois passée la vague, **par la mise à la disposition de tous** de son **développement** plutôt que de ses **ressources**. Le Pacte des Grands Lacs se préoccupe des ressources du Congo dont l'exploitation collective et non commune permettrait un développement partagé ; soit le développement des autres pays dépourvus des ressources importantes et qui pourraient toujours recourir à la guerre et au pillage des ressources congolaises, si la RDC se montrait égoïste. Et comme ce n'est pas la RDC qui aura par le passé utilisé la guerre pour déstabiliser les pays de la Région, le Pacte apparaît comme un arrangement de mise au pas du développement de la RDC et une consécration de la vocation d'une vaste zone franche africaine faiblement administrée.

Que faire donc ?

Répudier Frantz Fanon et inviter Lumumba à la fête

À l'ère de la révolution africaine avant le triomphe de la lutte armée de libération, Frantz Fanon inventa le Revolver Afrique dont la RDC était la gâchette, la détente qui déclencherait les hostilités. Quelle main à l'époque mettrait le doigt sur la détente ? Fanon ne le dit pas mais tout laissait supposer qu'elle serait congolaise. Le Martiniquais pensait certainement à Lumumba, le martyr de l'indépendance africaine. Dès lors, les temps sont passés, la révolution africaine n'a pas eu lieu, la lutte armée de libération a connu la participation des amis Cubains en Angola et ailleurs ; et tout a été réglé selon les marques du contexte géopolitique dominant : la guerre froide, qui aura permis à l'ex-URSS, à l'ex RDA et à Cuba de faire aboutir la lutte armée de libération nationale.

Entre-temps, la RDC, alors République du Zaïre, fort de son élection géopolitique par Frantz Fanon, choisit son camp et devint avec le concours de l'Occident le rempart contre le communisme en Afrique Centrale et Australe. En cela les promesses des fleurs étaient tenues.

La RDC peut-elle autrement se développer qu'au service d'un dessein géopolitique mondial ou régional ? Que la gestion des conflits l'emporte sur la construction des infrastructures et le développement social peu importe, l'image de la République est plus qu'une option, une priorité.

Si donc Frantz Fanon avait eu raison de tracer la voie du développement de la RDC en termes, dira-t-on, de rôle géostratégique, l'Afrique admit le rôle incontournable que cette nation centrale doit jouer activement ou passivement dans le devenir global du continent.

Aussi les planificateurs de l'initiative africaine anti-Mobutu et pro-Kabila auront-ils aussi besoin de Frantz Fanon pour résoudre les problèmes de l'Angola et du Rwanda non plus en actionnant la gâchette du revolver mais en remuant le sol et le sous-sol pour y extraire les trésors utiles au développement, en même temps que les troupes coalisées installeraient des régimes populaires avec la bénédiction de la Communauté internationale.

Aujourd'hui encore, cette vision africaine du Congo continue de recevoir suffrage sans que personne ne se charge de sa matérialisation historique. Pour être la gâchette du revolver Afrique, la RDC aurait dû avant tout être un État historiquement constitué, une économie nationale stable et puissante, une société nationale viable. Elle n'était rien sinon un nouvel État affaibli et en crise d'indépendance du fait de l'impact du poids du contexte de la guerre froide ; son avenir était incertain et les chances d'un destin géopolitique illusoires. Pour libérer l'Afrique, la RDC avait le devoir de se libérer elle-même avant tout et c'est passivement qu'elle jouerait son rôle géopolitique pour le compte de l'Occident. La vraie question que personne ne soulevait, c'est celle de l'efficacité de l'arme retenue dans la configuration des rapports des forces mondiaux dominées par les superpuissances détentrices des armes nucléaires. À quelles conditions stratégiques l'Afrique et la RDC mèneraient-elles une telle aventure et contre quels protagonistes ? Les anciennes métropoles coloniales croulantes ou les anciens champions mondiaux de l'anticolonialisme onusien, les USA et l'URSS devenus entre-temps les maîtres incontestés du monde ? Le mythe Congo de Frantz Fanon qui servit la cause de la rivalité stratégique américano-soviétique demeura assez puissant jusqu'au triomphe de la lutte armée de l'Alliance des Forces démocratiques pour la libération du Congo-Zaïre (AFDL) en 1996 avec l'appui des Armées rwandaises et ougandaises. L'on doit en vérité noter que la fin de la guerre froide en Afrique et dans le monde aura coïncidé avec la fin du rôle géopolitique régional de la RDC, le revolver Afrique lui-même ainsi que sa gâchette ayant sombrés sous les décombres de l'ordre mondial écroulé en 1999 en Allemagne.

Une nouvelle géopolitique régionale a vu le jour dans la Région autour des problèmes régionaux engendrés par la fin de la guerre froide. La cessation de la sous-traitance congolaise de la géostratégie mondiale en Afrique australe aura coïncidé avec une forte tentation stratégique revendicatrice des nouveaux leaderships régionaux. Une aire géopolitique de crises et de chaos humanitaires, la Région des Grands Lacs africains se dessine au profit d'un aspirant sérieux à la puissance africaine, la République Sud-africaine qui contrairement à la RDC aurait les moyens de ses ambitions et de sa volonté. Pour marquer le changement, la RSA est devenue la puissance régionale répondante du processus de transition en cours en RDC pendant que le Secrétaire général de l'ONU conduisait par ses représentants des travaux de la Conférence internationale de la Région des Grands Lacs, région de la présence Sud-africaine autour du processus d'Arusha concernant le Burundi. Dans cette nouvelle géopolitique africaine, le Congo de Frantz Fanon était peut être encore la gâchette du revolver Afrique mais celle-ci paraissait complètement bloquée, abîmée et stratégiquement parlant dysfonctionnelle. Et comme l'aurait imaginé P. Smith[1], c'est le temps de nouveaux doigts sur la gâchette rouillée. Les pillages des ressources naturelles du Congo, les agressions et rébellions armées ainsi que la première guerre mondiale africaine auxquelles il faut ajouter la gestion calamiteuse des ressources minières par le gouvernement de transition dont un Rapport parlementaire sulfureux dénonce des contrats léonins n'annoncent pas moins la fin d'un mythe : le mythe du revolver Afrique et de sa gâchette, en laissant s'installer le désordre régional.

Et pourtant, le Congo doit vivre. C'est ici qu'à notre avis les Congolais devaient inviter Lumumba à la fête. Le nouveau contexte mondial est marqué par l'émergence des nouvelles puissances, notamment la Chine, l'Inde et le Brésil qui ignorent superbement la notion de pré-carré africain tombée du reste en désuétude pendant que la France perd en Côte d'Ivoire l'avantage stratégique que lui procurait la fameuse « France-Afrique » qui faisait de tout le continent africain un simple théâtre des jeux d'équilibre géopolitique mondiaux.

Dans sa dernière lettre à sa femme Pauline, l'ancien Premier Ministre congolais Patrice Emery Lumumba écrivait « *nous ne sommes pas seuls, l'Afrique, l'Asie et les peuples libres et libérés de tous les coins du monde se trouveront toujours aux côtés des millions de congolais qui n'abandonneront la lutte que le jour où il n'y aura plus des colonisateurs et leurs mercenaires dans notre pays* ». Il y a là un énoncé géopolitique. En effet, à la géopolitique

---

[1] Lire notre livre : *Pour un autre avenir congolais de paix, le choix d'un modèle institutionnel*, 2002. Patrick Smith a écrit dans *The World today* (1997) un article intitulé, "Whose finger on the trigger" et dans *Africa Confidential*, vol. 38, n°10, mai, 1997, "Africa News fingers on Zaire's trigger".

du revolver Afrique, Lumumba opposait celle de l'alliance afro-asiatique. Lumumba, à la différence de Frantz Fanon, conviait le Congo à une lutte de conquête d'un statut d'État avec le concours diplomatique des nations africaines, asiatiques et d'ailleurs. Le Congo avait besoin **d'être** avant **d'agir**.

Les conditions du rôle que Fanon lui demandait de jouer n'étaient pas encore réunies ; la RDC n'avait pas de politique africaine et il lui fallait faire preuve de prudence au regard des ravages de la rivalité stratégico-idéologique Est-ouest dont elle était malheureusement l'enjeu, et de se garder des attitudes aspirantes de la guerre froide au cœur de l'Afrique. Ce que le Congo ne fut malheureusement pas capable. Au lieu de s'atteler à la tâche sacrée de la reconstruction de l'indépendance en panne, les Congolais crurent Frantz Fanon et jouèrent à l'incarnation de l'Afrique. Cette méprise s'est tellement enracinée que même lorsque l'Afrique elle-même se chargera de modifier ou d'intervertir ses rôles au Zaïre (RDC), le prêtre congolais Kadebwe Muzembe ne manquera pas d'en appeler à l'Afrique.

La République démocratique du Congo ne réussit pas depuis 1960 à construire son indépendance ou à en réaliser la nécessité faute de vision conséquente de l'Afrique et du monde. Les politiques congolais ne comprennent pas que la première condition à remplir en vue d'un rôle géopolitique, c'est d'exister en tant que communauté forte et intégrée jouissant d'une forte cohésion nationale, nourrie par une conscience politique ardente.

Dans la gestion de leur intérêt national qui se confond souvent avec les intérêts des puissances du monde et de l'Afrique, les congolais manquent des stratégies d'action qui les protègent de leurs faiblesses criantes. Mabika Kalanda écrivait à ce propos que la première et la plus essentielle phase de notre lutte intérieure pour accéder à la liberté et à la dignité, c'est une lutte sur nous-mêmes avant la seconde phase de la consolidation de l'unité nationale[1].

L'examen minutieux des interventions onusiennes et de l'union européenne au processus de paix initié par l'Accord de Lusaka d'où sortit l'Accord de Pretoria et de Sun City qui a permis l'organisation des élections générales, montre que le pouvoir de développer le Congo n'est pas complètement du ressort des

[1] Lire Mabika Kalanda, *La remise en question, base de la décolonisation mentale.*

Congolais à qui la Communauté internationale confie la charge d'assurer le maintien de l'ordre social et l'esthétique politique des apparences. L'agent développeur du Congo à ce jour serait la Banque Mondiale, la conseillère de « DSRP »[1] et l'Union Européenne, la pourvoyeuse des aides humanitaires et du développement !

Ces contraintes, dirait-on, sont réelles et un pays exsangue comme la RDC ne peut faire autrement que de s'y soumettre. Si tel est le cas, pourquoi la même communauté des bailleurs de fonds internationaux verse-t-elle alors dans des incantations ou plaidoiries de bonne gouvernance, de l'État de droit et du respect des droits de l'homme ? Si tout était perdu, et s'il ne restait que la Banque Mondiale, le Fonds Monétaire International et l'Union Européenne pour gouverner la RDC à travers les institutions nationales désormais légitimes, l'affaire aurait été entendue. Mais la RDC qui jouit des sympathies et des préférences de la Communauté Internationale aujourd'hui est membre de l'Union Africaine et du Programme du Nouveau Partenariat pour le Développement de l'Afrique (NEPAD).

À ce titre, rien de ce que la Communauté internationale entreprend aujourd'hui en RDC pour sauver les apparences d'une économie prédatrice de la nouvelle coopération au Développement multi latéralisée n'aboutirait sans le soutien de l'Afrique et sans qu'il s'intègre au sein des projets de développement portés par le NEPAD. Mais comme visiblement le G8 ne montre pas d'enthousiasme à financer le NEPAD, la RDC aurait le devoir, si elle veut devenir l'agent de son développement, de recentrer son espérance sur l'Afrique à travers une politique de reconstruction qui priorise la guérison de sa plus grande faiblesse qui est à ce jour encore l'absence de l'État.

À cet égard, la décentralisation politique et administrative du territoire mérite d'être complétée par une décentralisation économique. Pareil exercice devrait s'inspirer de l'actuel contexte de globalisation mondiale des économies auquel on ajouterait le contexte régional des guerres de pillages économiques qui obligent à envisager autrement le développement de la RDC que simplement par la réduction de la pauvreté et par la promotion

---

[1] Document stratégique de réduction de la pauvreté des gouvernements en programme avec la Banque Mondiale.

d'un espace régional de paix et de sécurité et une zone de croissance économique et de prospérité sans économie régionale ou encore des économies nationales à dimension régionale. La RDC doit donner à ses ambitions légitimes de développement une large base régionale externe à partir de la régionalisation interne de sa dynamique de refondation étatique et de renaissance républicaine.

Pour renaître à la puissance africaine, la RDC a aujourd'hui le devoir de greffer son devenir économique sur la force des économies des pays voisins comme le Congo Brazza et l'Angola dans le cadre d'un triangle de croissance et de prospérité commune et sur sa capacité de répondre et de satisfaire à la demande des économies de l'Afrique Orientale, dont le Burundi, le Rwanda, le Kenya, l'Ouganda et la Tanzanie, consommateurs des produits, biens et services congolais. C'est un nouveau plan directeur du développement national basé sur le développement régional des espaces provinciaux frontaliers des pays voisins qui permettra de rencontrer positivement les contraintes régionales et d'enlever ainsi aux pays voisins le réflexe facile de la prédation des ressources congolaises par le recours à des guerres d'agression ou à la production des rebellions armés et autres groupes armés en vadrouille sur le territoire congolais. Ce sera un exercice de reterritorialisation du pouvoir national par la décentralisation économique auxiliaire de la décentralisation politique. Les provinces du Katanga, du Kongo Central, de Kasaï, du Nord et du Sud Kivu et la province orientale ont chacune un pendant externe réel qu'il importe de développer.

Le Katanga devra mettre à profit sa proximité avec l'économie zambienne hors du cuivre ; le Kongo Central, les deux Kasaï ont avec les provinces Nord de l'Angola un espace économique favorable à des entreprises mixtes autour des activités du diamant et du pétrole avec impact réel sur les modes de vie des populations qui n'auraient pas besoin d'investissements de la Banque Mondiale. Le Nord Kivu dont les paysans Nande seraient déjà très actifs en Ouganda aurait besoin d'une politique régionale d'exploitation de l'or, du café, du diamant, du bois et du pétrole qui stabilise l'Ituri et assure le développement de la province dans la paix avec les voisins.

C'est cette ébauche d'une géopolitique interne ou nationale qui porte les vertus d'une géopolitique régionale de paix, de sécurité et de développement régional partagé à notre avis mal conçue par la Conférence internationale de la Région des Grands Lacs, qui redonnera à la RDC les capacités d'acteur de son développement national et du développement régional.

Les pays de la Région qui auraient eu des raisons légitimes de s'inquiéter du désordre institutionnel interne au Congo et qui ont développé un système régional de guerres et même une économie de guerre devenue l'obstacle majeur au développement et à la reconstruction de la RDC, ont aujourd'hui le devoir de construire le destin commun régional sur :

- la restauration nationale des États durables et par le soutien de tous à la refondation de l'État congolais ;
- le recouvrement par la RDC de sa souveraineté économique en tant que capacité de conception de son plan directeur de développement aujourd'hui lui contesté par la trop grande implication de la Banque Mondiale et de l'Union Européenne de ses affaires nationales ;
- l'Union Africaine, la SADC et la CEEAC auraient l'obligation d'appuyer cette volonté congolaise d'autonomie indispensable ;
- la solidarité régionale dans le respect et le soutien mutuels dans la consolidation des régimes politiques en expérimentation dans la région.

Conclusion

L'espérance constituée par l'émergence de nouvelles puissances mondiales africaines ; la nécessité pour la RDC de concevoir la refondation de l'Etat comme un devoir de guérison des faiblesses internes ; le besoin régional d'un destin commun africain autour de la revitalisation de la RDC, montrent les limites de la géopolitique du revolver Afrique et obligent à un changement de cap ; soit, l'adoption d'une nouvelle géopolitique de développement de la RDC suivant la vision qu'en en avait eu Patrice Emery Lumumba d'un Congo en besoin de l'Afrique, de l'Asie et du Monde ; il nous faut répudier celle qui nous aura desservi d'un Congo au secours de l'Afrique et des autres. L'Afrique et le Monde qui viendront construire la RDC s'identifieront à elle à la différence de tous ceux qui viennent ramasser les ressources et entretiennent des réseaux d'élites prédatrices, maffieuses et seigneurs de guerres. La construction d'un État développeur passe par là. La géopolitique africaine issue de la mondialisation de la guerre froide faisait du Congo ex-Zaïre un champ d'expérimentation de toutes les manifestations conflictuelles des contextes et conjonctures internationaux. Elle ne lui laissait pas le temps de construire un espace de liberté et d'actions de développement.

La dimension politique et économique de la « Révolution de la modernité »

Aimé Ngoi-Mukena Lusa-Diese

La dimension politique et économique de la Révolution de la modernité. Le sous thème que les organisateurs des Journées scientifiques de l'École Supérieure de la Gouvernance économique et politique ont choisi pour moi n'a pas de quoi étonner. N'est-ce pas un sujet qui hante les esprits, pas n'importe quel esprit, en tout cas, mais comme le voit le Révérend Père S. Decloux, l'esprit de ceux qui réfléchissent, c'est-à-dire les intellectuels qui veulent et qui attendent un monde davantage meilleur construit par l'homme, pour l'homme et dans le respect de l'homme[1] ?

L'importance et davantage l'actualité du sujet m'ouvrent le débat. En vue d'y prendre une part active, j'ai conçu cette modeste réflexion à laquelle j'assigne pour tâche de relever, l'aspect essentiel de la question, c'est-à-dire la dimension politique et économique de la nouvelle philosophie. La tâche est à la fois passionnante et délicate. Passionnante parce qu'elle est révolutionnaire et soutenue par un agir créatif[2]. Délicate en ce sens qu'elle est contraire de notre atmosphère mentale habituelle. Le message essentiel qui s'en dégage est ici mis en évidence par cette affirmation : la Révolution de la modernité peut changer le cours de notre histoire nationale.

Avant d'aborder, de manière décisive, l'examen de cette thématique, je me dois d'adresser juste un mot de reconnaissance et d'affinité aux autorités académiques qui ont organisé ces journées scientifiques. Sensible à l'honneur qui m'a été fait d'être aligné à côté d'éminents orateurs, je suis tout particulièrement reconnaissant et conscient que cet honneur ne provient pas du seul fait de ma qualité de professeur de philosophie politique et économique, mais de la haute considération qu'ils portent à la fois

---

[1] Cf. R.P. S. Decloux, *Actes des Journées philosophiques Canisius*, 1997, p. 3.

[2] H. Joas, *La créativité de l'agir*, Paris, Le Cerf, 1999, p. 3.

à ma modeste personne, à la science et au respect de ses hôtes de marque réunis ici par l'intérêt scientifique. J'ai bien conscience que tous les sujets inscrits à l'ordre du jour de ces Journées entretiennent un lien direct avec les questions que les Congolais de bonne intelligence se posent, confrontés qu'ils sont à la réalité concrète de leur pays. Quant à l'affinité dans la recherche, je suis presque persuadé que cela me concerne, peut-être seul, car le thème de ces assises vole à mon secours et apporte un appui réel à mes propres recherches sur la question de la Révolution de la modernité. Mon propos s'articulera autour des trois axes essentiels rendus par les affirmations que voici :

1. un projet de société est devenu une philosophie politique de changement ;
2. le couple Révolution-Modernité a une dimension politique ;
3. ce couple charrie aussi en son sein une dimension socio-économique.

Dans l'intention de faciliter l'entrée dans l'intelligence de mon intervention, à chaque étape de l'analyse, j'essaierai de situer la dimension éthique de l'homme dans son être et sa capacité à assumer son propre destin et à accomplir ses promesses de bonheur individuel et collectif.

Un projet de société est devenu une philosophie politique de changement

Avant d'en venir à la matière essentielle, il me paraît utile de répondre d'abord à une exigence de l'esprit, celle définir brièvement les couples des mots qui vont nous occuper dans cette réflexion : Révolution de la modernité et philosophie politique. Il ne s'agit pas ici de formuler des définitions canoniques des termes ciblés, mais de proposer une approche de sens susceptible de prendre en charge notre réflexion afin qu'elle soit accessible à tout le monde. On ne saurait dès lors s'étonner que notre tentative bute contre une crainte majeure de mutiler le sens des termes choisis ou de les diluer. Mon souci de clarté rappelle Confucius qui avait coutume de dire que, s'il était empereur de Chine, le premier décret qu'il prendrait serait celui de définir le sens des mots. Car c'est à partir d'un accord collectif sur le sens précis des mots que peut se faire ou se refaire la paix civile[1]. Cela paraît plus évident encore à cette époque où l'on parle beaucoup sans qu'on connaisse le sens exact des mots qui reviennent constamment dans les discussions stériles et pour lesquels on en vient parfois aux mains au Parlement et même à l'Université.

Ceci dit, que se cache-t-il derrière le premier couple des mots la Révolution de la modernité qui, aujourd'hui, semble s'imposer sur le champ politique national ?

D'abord, la Révolution. Le sens politique de ce concept est à mettre en liaison avec les Lumières occidentales du XVIIIème siècle dont le point de départ est à situer dans la tradition anglo-saxonne[2] et particulièrement, les Lumières écossaises. L'idée à retenir, en effet, est que la Révolution est une névrose, une affection de la volonté de puissance de l'homme qui cherche à se libérer de son ancien état de soumission à l'empire des pouvoirs autrefois supérieurs. C'est à ce sens, présent tant dans l'histoire que dans les mouvements humains de tous les temps, qu'il faut rapporter l'intérêt jamais démenti que l'on porte au concept. Et c'est ici également qu'il faut voir le lieu où prend naissance la Révolution comme base sur laquelle repose la volonté politique de puissance, celle de provoquer des changements qualitatifs et quantitatifs spectaculaires au sein de la société des hommes.

Ensuite, la Modernité. Pour résumer en quelques mots ce que je retiens de la modernité, c'est que le mot a signifié d'abord l'empire de la Raison. Le génie de la langue lui a conféré un pouvoir considérable, capable de faire progresser l'homme dans l'ordre, la connaissance et l'action. Dans cette perspective, la raison est elle-même finalisée en vue de conquérir la nature, les lois et les règles qui l'ordonnent et la gouvernent. Dans la suite des temps, cependant, le terme a connoté négativement. Jamais, un

---

[1] Confucius, cité par R. L. Bruckberger, *Le capitalisme : mais c'est la vie !*, Paris, Plon, 1983, p. 13.

[2] Sans oublier évidemment plusieurs autres révolutions de par le monde. Ici, nous pensons plus particulièrement aux révolutions suivantes : Révolution corse de 1755. Révolution brabançonne de 1787-1790. Révolution belge de 1830. Les Trois Glorieuses (France), 1830, etc. Le Printemps Arabe (Afrique), 2011 est l'exemple concret de Révolution que nous appelons *Umwälzung* en ce sens qu'elle pour vocation de provoquer la fin des tyrannies et annoncer des changements brusques et violents des systèmes politiques oligarchiques.

concept n'a pris dans le vocabulaire usuel un sens aussi péjoratif. En lui-même, il était devenu une injure comme si les gens avaient oublié les éminents services qu'il avait jadis rendus. Mais qui l'eût cru ? Alors que tout le monde continuait d'abdiquer les valeurs de la modernité, le mot a refait ses vertus pour se hisser au sommet du destin social de l'homme actuel. Cette étrange position n'a plus rien de commun avec le passé, le mot exprime l'esthétisation du présent et l'engagement vers l'avenir. Dès lors, la modernité se replace à nouveau au centre de ralliement irrésistible : moderniser c'est esthétiser le présent, c'est-à-dire débarrasser la société des maux du passé qui l'ont laissée en pleine décomposition.

Puis, la Révolution de la modernité. Je dois reconnaître d'entrée de jeu que l'expression est difficilement traduisible. Les raisons en sont conceptuelles. Toutefois, on peut voir ce qu'il en est dans les différentes considérations où le désaccord se creuse davantage laissant s'affronter librement des courants divergents.

Pour les uns, l'expression la Révolution de la modernité ne désigne rien de bien neuf. Elle serait même aussi vieille que la tradition politique congolaise. La réalité même qu'elle prétend dégager n'aurait rien d'inédit car elle se donne à lire dans tous les discours politiques de ces cinquante dernières années. L'euphorie lumumbiste a accordé une place privilégiée à la notion de la Révolution pour la modernité du pays. Le mobutisme politique en avait fait son cheval de bataille, l'idéologie kabiliste en avait fait aussi son thème de prédilection. Joseph Kabila en fait aujourd'hui non seulement le couronnement de sa pensée politique mais également la praxis de son œuvre de reconstruction nationale.

Pour les autres y compris moi-même, cependant, la Révolution de la modernité n'est pas un nouveau-né mailloté dans les linges toxiques du passé, c'est un courant de pensée réellement nouveau qui désigne un processus de retournement du monde au sens où ce terme apparaît dans la vision de P. Virilio : l'écorce est retournée, l'extérieur ce n'est plus seulement la peau et les pépins ne sont plus à l'intérieur des pommes[1]. Tout a changé, tout doit changer !

---

[1] P. Virilio, cité par Simon-Pierre Metena, in : *Les enjeux de la Mondialisation pour l'Afrique, Actes des Journées philosophiques de Caninsius*, avril 1998, p.12.

Sous la maxime de campagne : un projet de société...

Comment est né le mot ? À décrypter le discours politique congolais, l'expression Révolution de la modernité surgit abruptement dans le lexique politique national d'abord comme une maxime de campagne électorale mise à l'impératif par le Président candidat, Joseph Kabila, en vue de traduire sa nouvelle vision politique du pays[1]. Ensuite, l'optimum est très vite atteint, lorsque le pragmatisme politique trouve que le discours politique ne peut pas en rester aux prémisses élémentaires d'un concept alors qu'un statut spécifique lui donnerait une infinité de sens qui, une fois emboîtés les uns dans les autres, fourniraient au concept et à la vision qu'il prône un droit de cité. De là la formule brillante qui clôt l'argument de campagne : Révolution de la modernité, projet de société et moteur du développement national intégral.

... et sous le projet de société : une philosophie politique

S'il est vrai que la bonne gouvernance est le nouveau nom du développement social, car une bonne gestion socio-économique est essentielle à la paix sociale, puisqu'une mauvaise gestion politique et financière, par exemple, est une menace pour la paix sociale, on peut en déduire que la Révolution de la modernité est donc une nouvelle philosophie politique de changement.

Mais, qu'est-ce donc que la philosophie politique et quel est son fondement basique? Quelles sont aujourd'hui, dans le monde et plus particulièrement dans le contexte qui est le nôtre, les relations entre philosophie et politique ? Voilà une question embarrassante. Pourquoi ? Parce qu'elle est démesurément vaste. L'embarras vient d'ailleurs : chacun des termes - « philosophie » et politique » - a trop de sens. L'un et l'autre sont chargés de significations, comme deux piles d'éléments superposés par une longue histoire[2]. Nous avons donc affaire à deux mots qui ont plus de valeur que de sens. Et pourtant les deux termes Philosophie et Politique sont d'origine grecque. Philosophie (*philia* = amitié et *sophia* = sagesse), désigne amour de la sagesse. Par son souci de

---

[1] Il s'agit ici de l'élection présidentielle de novembre 2011.

[2] J'emprunte l'expression à R.-Pol Droit, *Philosophie et démocratie*, Paris, Ed. Unesco, 1995, p. 19.

connaissance et sa visée de vérité, la philosophie, science d'hier et science d'aujourd'hui, désigne un effort intellectuel tendu vers un but précis. Par ailleurs, le terme Politique (*politikos*) désigne depuis Aristote, ce qui est public, ce qui est commun à tous ; c'est-à-dire, ce qui est au-delà de tout le particulier et au-delà des liens d'alliance ou de dépendance quelconque.

Deux mots encore

Je propose là des définitions minimales, assez discutables. Mais elles me permettent de ne pas écarter le point de départ. Les deux termes « philosophie politique » ont bien une histoire et un objet dans le contexte politique congolais. Un catalogue d'exemples serait vain, car tout est facile à voir. Certains traits peuvent délimiter l'espace fondateur de la Révolution de la modernité. Celle-ci entretient souterrainement des liens plus puissants qu'il n'y paraît avec le parcours politique de son initiateur, Joseph Kabila. On n'a sans doute pas suffisamment remarqué que le premier discours politique d'investiture en janvier 2001, qui appartient d'office à l'histoire politique de changement dans notre pays - était déjà celui où avait été formulé tous les autres projets, encore inouïs (la Loi fondamentale de juin 2006 avec son cortège de changements radicaux, les Cinq chantiers de la République, etc.) Il fallait passer par ces étapes pour que devienne clairement formulable cette philosophie appelée la Révolution de la modernité. S'il faut dire, en quelques mots, les choses telles qu'elles ont, la formule la moins mauvaise serait : la Révolution de la Modernité n'est pas le commencement mais l'aboutissement d'une philosophie politique qu'on a baptisé tardivement.

Ce qui est peut-être problématique dans ce survol de définitions, c'est la notion même de la philosophie politique. Là aussi, c'est en fait la compréhension des limites sémantiques qui paraît être la tâche la plus importante. En effet, la philosophie politique est un effort de partir de la situation concrète d'une société afin d'en tirer les conséquences qui s'imposent. Il s'agit d'un amour de la sagesse qui réveille les communautés encore en plein sommeil dans les nuits de l'inconscience. Cet amour de la sagesse se charge d'enseigner la révolution, c'est-à-dire la destruction de l'organisation sociale traditionnelle et l'émergence d'une nouvelle société débarrassée des tares du passé. C'est donc un travail de philosophie politique que l'on peut lire dans la phrase prophétique du Révérend Père E. Dirven qui affirmait ceci peu avant la chute du mobutisme :

Aucun système politique déjà existant en Europe ou ailleurs n'est adapté à l'Afrique ou au Zaïre. Il faut créer du nouveau comme l'a fait la Révolution française. Pour cela il faut politiser le peuple, selon la politique du bien commun[1]. Faut-il maintenir présent à l'horizon de nos réflexions que le politique congolais aurait apparemment souscrit volontiers à la prophétie du Père Edward débitée de manière courageuse et responsable ?

La question aujourd'hui, en effet, n'est pas tant de reconnaître ou pas le mérite de cette prophétie, mais de bien regarder la réalité des faits en face. En tout cas, le politique congolais a placé la Révolution de la modernité au cœur même de son projet de société. Par en haut, il nous fait comprendre qu'après avoir remonté le temps et après s'être déplacé dans l'espace, il a jugé bon de mettre purement et simplement son ancien modèle de société en liquidation. Déterminé et résolu, il a offert ainsi la perspective d'une sorte de marche vers un régime de normalité, celle d'administrer l'Etat comme autorité souveraine et non de le réduire. Dans tous les cas de figure, le politique veut faire de l'État le véritable Dieu de Job, libre de tout contrat, non lié et non engagé, c'est-à-dire, une autorité souveraine qui a sa raison en lui-même.

Étant donné que l'ancienne forme de société héritée de plusieurs décennies de tribulations a fait éclater un modèle de développement étroitement lié aux multiples dérapages à tous les niveaux : politique, social, culturel et économique, le politique cherche donc à faire du peuple congolais une véritable communauté politique unifiée et non une espèce de sociétés civile constituée d'une plèbe appauvrie et dépourvue des moyens. Le politique congolais marque là un tournant décisif dans l'histoire nationale en ce sens qu'il cherche à commencer une carrière politique nouvelle qui, jusque-là était de l'ordre de l'imagination.

---

[1] E. Dirven, « Politiser l'Afrique ? », in *Actes des Journées philosophiques Canisius*, Kimwenza 1996, p. 53.

Le politique ne nous dit pas explicitement que l'ancien projet de société s'est déshonoré, mais par touches rapides, toute intelligence comprend qu'il nous engage à saisir la profondeur de son message exprimant clairement que l'ancien projet de société a vieilli et qu'il est arrivé au bout de souffle. Obsolète, il ne peut plus offrir à la jeunesse des raisons de vivre ni aux générations futures des raisons d'espérer qui puisse valoir le prix d'un héritage heureux. Ce point de repère ouvre un espace de dialogue où peut interagir un débat politique nouveau capable de s'arracher à l'emprise de la pensée unique. Il convient de préciser que ma préoccupation majeure n'est pas tant la démonstration du rôle primordial de la Révolution comme philosophie de changement de l'ordre social national, mais toujours en corrélation avec la modernité comprise évidemment en son double sens d'esthétisation du présent et d'engament envers l'avenir[1]. Et, en vertu de cette corrélation, il ne s'agit pas non plus de la modernité seule, mais de la modernité en corrélation avec la Révolution.

C'est sur le fond de cette précision que je tenterai de répondre, autant que faire se peut, à la longue interrogation qui se profile à l'horizon de mon investigation: Quelle est la dimension politique de la Révolution de la modernité ?

La Révolution de la modernité a une dimension politique

C'est ici que doit intervenir une exigence capitale à laquelle j'accorde, à ce stade, un peu plus d'attention. En fait, cette réflexion dans sa partie essentielle, prend acte du fait que la Révolution de la modernité, dans sa variance aussi bien politique que scientifique, est une philosophie de changement qui se construit un modèle conceptuel dans lequel se trouve une dimension politique agissante. Les bases de cette philosophie, il faut le répéter, soutiennent que les modèles de société que nous avons connus ces dernières décennies sont arrivés, il faut le répéter, à leur point ultime de dégénérescence, c'est-à-dire au point où ils ont gravement entravé le développement de ce qu'il y a de grand, de bon et de noble dans le corps de la République et dans l'âme du peuple. C'est ainsi que le politique congolais,

[1] P. Daix, *L'ordre et l'aventure. Peinture, modernité et répression totalitaire*, Paris, Arthaud, 1984.

devenu en âge désormais de prendre en main le destin du pays, s'est résolu à initier cette philosophie de changement. Quelques exemples suffisent.

La Révolution de la modernité s'engage à changer le sens de l'homme

À vrai dire, la Révolution de la modernité se veut une logique alternative qui ne saurait se réduire à un seul aspect, si important soit-il. Car, face à la décadence constatée de nos anciens modèles de société, cette philosophie de changement en appelle à un nouveau renversement des valeurs. C'est rien moins que la volonté politique de puissance engagée à reprendre une voie ascendante afin de conduire une véritable révolution des rythmes de vie entraînant ainsi des changements successifs, qualitatifs et quantitatifs au niveau social, politique et économique et obligeant tout le monde à renoncer aux vieilles pratiques vécues jadis comme une expérience apocalyptique.

La dimension politique de la Révolution de la modernité comme projet de société et comme philosophie de changement est devenue perceptible par la modernité du sens de l'homme. En ce sens, on sent que la Révolution a signé une dette envers Bruckberger qui considère avec raison que les choses étant ce qu'elles sont, et notre situation étant en effet ce qu'elle est, ce n'est pas le système politique en soi qu'il faut rafistoler, il est déjà irrécupérable, c'est plutôt l'homme qu'il faut restaurer dans toutes ses dimensions[1]. La Révolution de la modernité constate que c'est le ver qui est dans le fruit qui a fini par le pourrir.

Certes, c'est le même Congolais qui est l'acteur principal de sa société et le moteur de son propre développement ; c'est lui-même qui a rendu à son pays d'éminents services. Il s'est battu farouchement contre la colonisation jusqu'à la victoire souveraine de l'Indépendance. Pendant plus de trois décennies, il s'est opposé à la dictature jusqu'à la révolution de Mai 1997. Bref, l'homme congolais s'est battu pour les valeurs fondamentales de citoyenneté, de civisme, de nationalisme, de l'honneur, de la liberté, de la légalité, de la justice, de la démocratie, du travail, etc.

---

[1] *Idem*, p. 47.

Mais c'est également l'homme congolais lui-même qui est redevenu l'élément corrupteur de sa propre société. Dès lors qu'il a acquis la conviction devenue inconsciente et voire congénitale, comme dirait Bruckberger[1], que tout devait s'apprécier en termes d'argent, car il n'y a pas d'autres valeurs au monde congolais que celle de l'argent et que tout ce qui n'a pas de fin fondée sur les vertus de l'argent ne vaut rien, le Congolais s'est perdu en perdant en même temps les fondements basiques de sa propre société.

La dimension politique de la Révolution de la modernité comme projet de société se remarque dans l'effort l'esthétiser l'homme intérieur congolais. Elle cherche à faire mourir les vices du passé et préparer ainsi une nouvelle civilisation où l'homme restauré aura sa vraie place de seigneurie sur les autres facteurs de développement du pays.

La Révolution de la modernité s'engage à changer le sens de la République

Pour accepter ce que j'affirme, il est nécessaire, pour l'intellectuel que nous sommes, de voir objectivement sur quelles valeurs était jusqu'ici basée le sens de la République. Cela nous permettra de remarquer que la Révolution de la Modernité a déjà signé l'acte de décès du désordre classique du passé afin de tirer la République des décombres dans lesquelles elle sombrait depuis plusieurs décennies.

Bien entendu, les efforts conjugués jusque-là par le politique congolais sont certes louables mais ne suffisent pas encore. Je dirais qu'ils sont encore minces, car, à y regarder de plus près, en effet, la République oscille encore, comme dirait Alain Minc[2], entre les affaires propres et les affaires sales, entre l'argent blanc et l'argent noir, avec pour corollaires, des rapports de forces à l'état brut, la violence et le désordre. Bref, le gris partout progresse, avec des rebondissements surprenants entre le permis et l'interdit, le moral et l'immoral, l'autorité légitime et les pouvoirs parallèles, l'officiel et l'officieux.

Je pense, cependant, que cela ne devrait pas nous empêcher de voir dans le nouveau projet de société un raccourci direct vers

---

[1] *Idem*, pp. 48-49.
[2] A. Minc, *Le Nouveau Moyen Âge*, Paris, Grasser, 1993, pp. 77-78.

le sens de la République : *res publica*, la chose publique ! On peut se permettre un ajout : la Révolution de la modernité a déclenché un mécanisme nouveau caractérisé par la participation directe des citoyens, animés par un fort sentiment patriotique et d'unité. Depuis un moment déjà, la République est comprise par notre peuple comme une organisation politique dans laquelle les détenteurs du pouvoir l'exercent en vertu d'un mandat conféré par le corps social. Ici, politique et social apparaissent comme indissociables de manière absolument générale.

La Révolution de modernité s'engage à changer le sens du Peuple

Rien n'est plus salutaire dans la société congolaise actuelle que la modernité du sens du peuple. Il faut remonter en amont des valeurs républicaines pour comprendre ce qui a changé afin de retrouver une conception vivante du sens du peuple. En tout cas, la nouvelle philosophie de changement a crevé le plafond de la tradition qui nous a habitués au mauvais usage du mot peuple. Il y a un temps seulement, dans notre pays, le sens du peuple a changé complètement. Bien avant, la pratique politique recourait au courant réductionniste, cher aux politiciens réducteurs qui ne respectent pas le peuple et qui le considèrent simplement comme:

- une fange inférieure de la société
- une fange marquée par l'absence de richesse
- une fange caractérisée par l'absence d'estime
- une masse inculte marquée par la dangerosité
- une plèbe dépourvue de moyens de défense

Depuis l'avènement de la Troisième République, le sens du peuple nous oblige à prêter la plus grande attention à la nature même du concept Peuple, non point seulement pour ce qu'il est, mais également, pour partir de la réalité qu'il charrie afin de comprendre l'idée même de la nation et de l'Etat. Quelques sens directs de ce courant traduisent l'idée du peuple comme :

- une communauté politique douée de pensée collective
- une communauté souveraine douée de l'ordre politique
- une communauté organisée et auteur de la constitution

- une communauté source de la légitimité du pouvoir
- une entité de puissance synonyme de l'Etat
- une entité de puissance et l'incarnation de la nation

Tout le problème est de se mettre d'accord sur le contenu réel, c'est-à-dire le contenu pratique de la dimension politique de la Révolution de la modernité. A la date d'aujourd'hui, s'il m'était demandé de répondre à une telle interrogation, je dirais qu'il existe un déficit grave entre ce que la théorie de la philosophie politique de changement déclame et ce qui a changé réellement sur le champ. De multiples efforts sont certes déployés pour créer un nouvel ordre social. Mais ils n'ont pas encore réussi à mettre sur pied la force de maintien de l'ordre prévu dans la philosophie de changement.

La Révolution de la modernité a une dimension économique

Quelle est la dimension économique de Révolution de la modernité ? Une partie de la réponse vient d'être donnée dans les détails précédents. En effet, parler du sens de l'homme, de la cité et du peuple, c'est déjà parler de la dimension économique d'un programme politique. N'est-ce pas que le mot économie vient du grec *oïkonomia*, de *oïkos*, la maison et de *nomos*, la loi, les règles. De la sorte, étymologiquement, l'économie désigne donc les règles de conduite de la maison. J.-Y. Capul et O. Garnier définissent l'économie de deux manières simples :

- D'abord comme une façon particulière de considérer les comportements humains : la manière dont les individus, les groupes, les sociétés utilisent les ressources rares en vue de satisfaire au mieux leurs besoins. Dans cette voie, l'économie est donc une science de choix, qui étudie la façon dont s'effectuent les choix dans le pays. On dit que l'économie marche bien, lorsque les choix se font d'une manière optimale, ce qui signifie que les agents économiques font de calculs rationnels afin d'obtenir le maximum de satisfaction pour le minimum de ressources utilisées.

- Ensuite ils définissent l'économie par l'ensemble des indicateurs dont elle s'occupe : production, échanges, monnaie, inflation, chômage, répartition, budget de l'Etat, etc. Il faut préciser que l'économie s'intéresse aux individus, aux groupes qu'elle qualifie d'agents économiques.

Au niveau théorique, tous ces détails sous-tendent la Révolution de la modernité. Les lignes qui suivent essaient de tracer très brièvement quelques présupposés essentiels à relever les efforts fournis par notre philosophie de changement. Lorsqu'on scrute d'un regard rétrospectif les efforts de la Révolution de la modernité, on se rend sans peine compte que ceux-ci sont énormes. De nombreux principes sont mis en chantier, je me limiterai à en rappeler quelques-uns :

- L'accès du système économique congolais au libéralisme international ;
- L'ouverture du système économique national au marché mondial ;
- La stabilisation du cadre macroéconomique ;
- La ratification des lois économiques internationales, le cas de l'OHADA ;
- La promulgation d'importantes lois des finances publiques ;
- La répartition des compétences économiques entres les institutions du pays ;
- L'accentuation des lois sur la bonne gouvernance économiques ;
- L'assainissement des espaces et du climat des affaires ;
- Le Code minier ou la libéralisation du secteur minier ;
- Le Code des investissements : incitation des opérateurs privés et capitaux étranger ;
- Les Réformes des entreprises : leur transformation en entreprises commerciales.

Reste alors la question cruciale celle de savoir comment sortir la situation économique de la RDC des impasses dans lesquelles elle se trouve. La réponse à cette question si elle était facile, notre pays serait depuis longtemps libéré des langes qui l'entravent encore tout le temps. L'enjeu de taille est de recourir aux principes de bonne gouvernance, car, dit-on un Etat bien gouverné est un État fort qui impulse le développement. Cela n'est possible que si l'État se dote des mécanismes viables, particulièrement, dans les secteurs socio-économiques où les stratégies d'accroissement des richesses sont sous-tendues par des mécanismes de distribution. J'insiste sur le fait que la paix sociale et le développement dépendent des mécanismes de redistribution optimale des ressources rares. Il faut mettre des garde-fous stratégiques solides susceptibles d'empêcher le déploiement souterrain des égoïsmes et des égocentrismes prégnants, qui sont toujours en quête des intérêts personnels et individuels en vue d'enrichissement illicite de quelques individus.

En guise de conclusion

Après ce survol rapide de l'analyse structurale de la dimension politique et économique de la Révolution de la modernité, je continue à m'interroger sur l'essence concrète de ce qui a réellement changé. Mon exposé a révélé en quelque sorte que la Révolution de la modernité s'engage à transformer l'homme congolais qui a perdu une grande partie de sa dimension spirituelle. J'ai démontré que le plus urgent ce n'est pas la transformation des institutions de la République, c'est plutôt l'homme intérieur congolais. Sur le plan économique, notamment, ma démarche a déploré le danger qui guette notre pays où le goût généralisé du lucre a conduit le Congolais à n'être plus qu'un simple *homo oeconomicus,* mot à mot un animal économique fortement gangrené par toutes sortes de cancers, particulièrement le cancer de la « macro mafia », c'est-à-dire la mafia à grande échelle.

Par dimension spirituelle, je n'entends pas, cependant, prêcher le retour aux valeurs du Moyen Âge pour former en plein vingt-et-unième siècle, une société de prières, de contemplation, d'aumônes et de prédications pieuses. Je propose plutôt que notre projet de société révolutionne et modernise les valeurs morales de vérité, d'équité, de dignité, bref, une culture de respects des lois de la République. Je prêche donc la lutte contre les « antivaleurs » qui ont instauré la culture de l'abaissement des mœurs, ce qui rend le citoyen congolais incapable d'accomplir le bien. Tout modèle de société, dit-on, doit s'apprécier par l'idée qu'il donne de l'homme et de ses valeurs morales. Ainsi donc, la seule possibilité pour le pays de retrouver quelque prestige à la face du monde, c'est de produire un type d'homme bien défini : un Congolais d'honneur lié par un engagement personnel et capable de tenir son engagement ; il s'agit d'un homme régi par la loi des lobbies morales.

Conflits et réconciliation en République démocratique du Congo

Donatien Dibwe dia Mwembu

« Conflits et réconciliation en RDC » est un sujet non seulement vaste, mais aussi complexe dans la mesure où il existe différents types de conflits aussi bien dans l'espace (la RDC est un sous continent, elle regorge plus de 400 tribus) que dans le temps (depuis avant la période coloniale jusqu'à ce jour).

Nous n'avons pas la prétention ni la compétence d'évoquer tous les conflits et d'en proposer les voies de réconciliation. Etant donné que l'histoire est un instrument qui aide le chercheur ou tout individu qui la consulte à mieux construire le futur, en évitant les erreurs du passé, notre rôle d'historien, dans le contexte précis, consiste à jeter un regard en arrière, pour situer les événements passés, voir ce qui a été fait pour amener la paix et donc la réconciliation afin que le présent s'en inspire et améliore le futur par l'instauration d'une paix durable.

Les conflits sont aussi vieux que le monde. Ils existent depuis que l'homme existe et vit en communauté. Ainsi, un conflit éclate chaque fois que deux ou plusieurs personnes, deux ou plusieurs groupes sont en antagonisme déclaré, en désaccord violent à l'occasion d'intérêts ou d'idées qui les opposent. «Le conflit définit, en effet, une situation de lutte où chacun des adversaires utilise divers moyens pour contraindre l'autre à capituler dans ses ambitions. Il peut aller jusqu'à la guerre déclarée, utilisant des moyens violents pour faire du tort ou pour détruire l'adversaire »[1]. En d'autres termes, les conflits définissent un état d'âme, d'esprit, de mentalité, l'absence d'un climat de concorde, d'harmonie, de paix. Ils signifient aussi la présence des différents

---

[1] A. Birou, *Vocabulaire pratique des sciences sociales*, Paris, Éd. Ouvrières, 1966, p.61, cité par Mwamba Sinonda, « Situations conflictuelles et instabilité politique en RDC », in *Likundoli, Mémoire et Enquêtes d'Histoire congolaise, Conflits et violences dans l'histoire contemporaine de l'Afrique centrale,* CERDAC, PUL, X (2006) 1-2, p. 258.

types de compétitions entre les communautés humaines comme entre les hommes qui les composent. Les conflits sont de divers types : culturel, politique, économique, foncier, religieux, géographique, etc. Ils peuvent opposer les autochtones entre eux, les autochtones aux étrangers, les différentes races, les employeurs aux ouvriers, les ethnies entre elles, une génération (vieille) à une autre (jeune), les pauvres aux riches, les initiés aux non initiés, les gens de telle ethnie à ceux de telle autre ethnie ou tribu, les partisans d'un parti politique ou d'une plate-forme politique à ceux d'un autre parti ou plate-forme politique, les habitants d'un village à ceux d'un autre village, les partisans de tel prétendant au pouvoir coutumier à ceux d'un autre prétendant au même pouvoir, les agriculteurs entre eux-mêmes et aussi les agriculteurs aux pasteurs éleveurs, etc.

Une fois de plus, l'évocation de cette liste de conflits, pourtant non exhaustive, justifie notre embarras quant à formuler ou à définir la ou les voie(s) de réconciliation. C'est dire qu'autant il y a des conflits, autant il y a des voies de réconciliation. Mais, de façon très schématique, on peut classer les conflits en quatre catégories : politique, économique, culturelle et sociale. Nous nous contenterons, dans notre communication, des clichés de quelques conflits identitaires.

Depuis les indépendances, l'Afrique traverse une série de violences politiques, économiques, sociales, morales et même culturelles. Mutineries, rebellions, coups d'Etat militaires, conflits inter ethniques ou frontaliers, intolérance politique et religieuse, exclusion de l'autre, etc., sont le lot de la vie quotidienne. L'Afrique semble perpétuer son étiquette de *terra incognita*, de par le comportement énigmatique de ses dirigeants, entraînant ainsi son gros point d'interrogation tant son devenir est incertain. Cette rupture brutale de l'équilibre de la société dans un contexte de violence chronique semble donner raison à ceux-là mêmes qui, au lendemain des années 1960, prétendaient que l'Afrique était mal partie, que son indépendance était ratée[1]. Cette crise est en fait la

---

[1] Il suffit, pour s'en rendre compte, de lire G. Balandier, « Crises et mutations en Afrique », in *Le Monde diplomatique*, mars 1964, p. 4 ; R. Dumont, *L'Afrique noire est mal partie*, Seuil, Paris, 1962 ; A. De Meister, *L'Afrique peut-elle partir?*, Seuil, Paris, 1965, etc.

résultante de l'absence de l'intégration sociale, politique et économique des populations ou des pays en présence. Dans ce cas, l'ethnicité et le régionalisme rendent malaisée la cohabitation entre différents groupements sociaux. Le génocide rwandais vécu en 1994, les troubles entre Hutu et Tutsi observés aussi bien au Rwanda qu'au Burundi ont pour origine le nationalisme ethnique, un problème d'identité. Ethnicité et régionalisme sont là des termes identitaires qui, en eux-mêmes, ne sont pas vecteurs de germes séparatistes. Mais leur utilisation fait (re)naître l'égoïsme, l'égocentrisme, l'exclusion, la haine de l'autre, l'intolérance, le conflit.

Mais, disons que la question ethnique n'est pas l'apanage du seul continent africain. Les Flamands, les Wallons, les Bretons, les Ecossais, les Basques, etc. ont constitué à un moment donné de leur histoire des proto-nations, donc des problèmes ethniques. Ces entités juridictionnelles ont fini par être absorbées par des états modernes centralisateurs[1]. A l'heure qu'il est, elles sont une spécificité, une diversité dans l'unité de leurs états respectifs.

Notre communication est divisée en trois sections. Nous parlerons successivement des conflits identitaires, de leurs causes et des remèdes à y apporter ou voies de réconciliation. Une petite conclusion, sous forme de recommandations, clôturera ce travail.

Les conflits identitaires

Depuis la période coloniale, la République démocratique du Congo connaît une vie de turbulences dans tous les domaines de la vie. Le problème identitaire occupe une place importante parmi les causes de la plupart des troubles politiques qui ont failli amener le pays à la balkanisation. Les identités apparaissent, se décomposent, se recomposent[2] le plus souvent lorsque la souveraineté d'un groupe est en danger ou lorsque les intérêts des groupes en présence sont menacés. La cohabitation des différents

[1] Mulambu Mvuluya, « Démocratie et paix face aux conflits interethniques », dans Sabakinu Kivilu (sous la direction), *Démocratie et paix en République Démocratique du Congo*, Presses de l'Université de Kinshasa, Kinshasa, 1999, p. 96-97.

[2] Y. Le Bot, « Conflits armés, décompositions et recompositions identitaires en Amérique latine », dans P. Hassner et R. Marchal, *Guerres et sociétés. État et violence après la Guerre froide*, Paris, Karthala, 2003, pp. 259-284.

groupes sociaux est le plus souvent entachée des conflits dans le contrôle des espaces économiques et politiques. Les conflits en question peuvent concerner deux groupes de personnes au sein d'un même espace géographique ou deux espaces géographiques différents.

Au cours de la période coloniale, les identités tribales, ethniques, provinciales, d'abord inconnues, négligées ou inconsidérées par des populations autochtones rurales, trouvèrent plus tard leur champ d'émergence, d'intériorisation et d'application dans les centres urbains, espaces multiculturels à cause du brassage des populations de diverses cultures et origines, recrutées ou engagées par des entreprises coloniales naissantes et en pleine expansion. Ces milieux urbains, foyers d'enjeux divers, mirent en présence plusieurs ethnies et tribus qui, par instinct de conservation, se regroupaient par affinité tribale et ethnique et développaient des stratégies de défense de leurs intérêts respectifs, d'entraide mutuelle et de sauvegarde de leurs patrimoines culturels respectifs.

C'est la naissance des associations tribales ou ethniques ou régionales apolitiques dans les villes[1]. A la longue, nombre de ces associations furent dirigées par des évolués. Lorsque ces associations socioculturelles se sentaient frustrées ou lésées dans leurs intérêts, elles recouraient parfois à la violence. Au Katanga, plus particulièrement dans la cité minière de Kipushi, des affrontements avaient eu lieu en 1931 entre les Rwandais et les travailleurs originaires du Kasaï. C'est d'ailleurs, entre autres, cet incident qui a décidé les autorités de l'Union Minière du Haut Katanga à mettre un terme à l'habitat par affinité tribale ou par origine de provenance. Crawford Young rapporte que les Kongo, à Léopoldville, s'étaient sentis menacés « *par l'extension du lingala non seulement dans l'administration, mais aussi dans l'enseignement au détriment du kikongo* »[2].

En 1957, à l'issue des élections, les quatre bourgmestres désignés à la tête des communes de la ville d'Élisabethville

---

[1] E. Capelle, *La Cité Indigène de Léopoldville*, CEPSI, Élisabethville, 1947, voir aussi F. Grevisse, *Le Centre Extra-Coutumier d'Élisabethville,* CEPSI, Élisabethville, n°15, 1951.

[2] C. Young, *Introduction à la politique zaïroise*, Kinshasa, 2è édition, Presses Universitaires du Zaïre, Kinshasa, 1979, p. 118.

n'étaient pas originaires du Katanga. Trois Kasaïens dont deux Luba-Kasaï et un Songye étaient à la tête respectivement des communes Katuba (Thadée Mukendi), Kenya (Armand Tshinkulu) et Rwashi (Laurent Musengeshi). Le quatrième, un originaire du Kivu (Pascal Lwanghy), fut placé à la tête de la commune Albert. Une certaine opinion voit à travers ces élections une forte organisation des originaires du Kasaï. Si tel était le cas, comment justifier alors la victoire de P. Lwanghy, originaire du Maniema démographiquement minoritaire à Élisabethville ? D'autres critères, sûrement non liés à l'ethnie ni à la tribu, ont présidé à ce choix. C'est probablement le comportement des élus ou des leurs qui aurait frustré les originaires du Katanga.

Plus tard, aux yeux de certains leaders katangais, la croissance démographique rapide des originaires de la province du Kasaï dans les villes industrielles du Haut-Katanga constituait aussi un danger évident pour la promotion des Katangais qui voyaient d'un mauvais œil l'occupation de hauts postes par des immigrés kasaïens. Le 13 février 1959, Godefroid Munongo adressa une lettre au gouverneur du Katanga, A. Schoëller, dont voici un extrait : « Les Katangais d'origine, avec raison, se demandent si les autorités ne font pas exprès en accordant le séjour définitif aux gens du Kasaï dans nos centres pour que les ressortissants de cette province puissent, grâce à leur nombre toujours croissant, écraser ceux du pays. Ce fait pourrait déclencher dans un avenir plus ou moins proche des bagarres entre les habitants de ces deux provinces »[1].

En fait, l'identité régionale kasaïenne au Katanga n'était qu'une identité de façade et fragile fabriquée pour faire face à une autre identité collective katangaise de façade aussi. Car, que se passait-t-il au même moment dans la province du Kasaï, plus précisément dans la ville de Luluabourg (actuelle ville de Kananga), chef-lieu de province dont les Luba-Kasaï étaient originaires? On assistait à un conflit sanglant opposant les Beena

[1] D. Dibwe dia Mwembu, « L'état de la question du conflit Katangais/Kasaïens dans la province du Katanga (1990-1994) », in B. Jewsiewicki et L. N'Sanda Buleli (coord.), *Les identités régionales en Afrique Centrale. Constructions et dérives*, Paris, L'Harmattan, 2008, pp. 13-79.

Lulua aux Luba-Kasaï. La montée de la conscience d'appartenance ethnique lulua a été provoquée par l'occupation par les Luba-Kasaï de nombreux hauts postes de commandement et de responsabilité. L'administration coloniale voulait inclure la ville de Luluabourg dans l'espace de l'ethnie lulua de façon à pouvoir considérer les Luba-Kasaï comme des « étrangers » et donc des usufruitiers[1] dans leur propre province !

Il fallait donc faire partir les Luba-Kasaï pour que les Beena Lulua s'assurent le contrôle de leurs espaces économiques et politiques à Luluabourg. Le conflit Lulua-Luba-Kasai à la fin de la période coloniale aboutit ainsi à l'expulsion des dizaines des milliers des Luba-Kasai et à leur retour dans leur région d'origine[2]. À Léopoldville (Kinshasa), les Bakongo réunis au sein de l'Abako qui croyaient être les propriétaires du territoire prétendaient que la ville était incluse dans l'espace autrefois couvert par le royaume Kongo. Cela justifie leur politique d'exclusion vis-à-vis de tous les non originaires, notamment les ressortissants du Haut-Congo[3].

Comme on le voit, le contrôle des espaces politiques a été à l'origine de l'émergence des nationalismes ethniques ou provinciaux (régionaux). Aussi, est-ce avec raison que C. Young note : « Le désir d'arriver à l'hégémonie d'une part, la crainte de l'hégémonie des autres ensuite, tels sont les fils que l'on trouve le plus couramment dans le tissu d'hostilité qui a pu se développer autour de l'idée ethnique. Dans beaucoup de cas, le fait, pour une ville, d'être située dans une région revendiquée par un groupe déterminé, est une source de conflits : le groupe en question prétend à l'hégémonie, sur la base de sa situation géographique »[4].

À la veille de l'accession du Congo à l'indépendance, beaucoup de ces associations à caractère tribal, ethnique ou provincial se muent en partis politiques tout aussi à caractère tribal, ethnique ou provincial et constituent des bastions ou des espaces électoraux de base des leaders politiques, futurs

---

[1] Jean-Marie Mutamba Makombo K., *Du Congo belge au Congo Indépendant, 1940-1960. Émergence des « évolués » et genèse du nationalisme*, Publications de l'Institut de Formation et d'Études Politiques, Kinshasa, 1998, note 17, p. 589.

[2] Muya Bia Lushiku Lumana, *Les Baluba du Kasaï et la crise congolaise (1959-1966)*, Éditions Saint Paul, Lubumbashi, 1985.

[3] *Idem*, p. 124.

[4] C. Young, *Introduction à la politique zaïroise*, p. 123.

candidats au pouvoir. L'adhésion massive de la population à un parti politique est généralement justifiée non pas par l'acceptation du projet de société prôné par le parti politique concerné et donc par sa maturité politique, mais par son appartenance à la même entité territoriale ou à la même ethnie, à la même tribu, au même village, etc., que le leader fondateur du parti.

La tribu, l'ethnie et le régionalisme se révèlent des stratégies identitaires qu'un individu ou un groupe d'individus de même provenance utilisent pour accéder au pouvoir et s'y maintenir. C'est pourquoi la résurgence des identités collectives apparaît le plus souvent à l'approche des échéances électorales. C'est à ce moment aussi que l'on assiste à des jeux d'alliances ethniques ou régionales et aussi à des jeux de divorces et des conflits interethniques ou inter provinciaux.

Le conflit interethnique a secoué particulièrement l'Est du pays où sont fréquemment perturbées les bonnes relations existant entre les différentes ethnies en présence. Le régime de Mobutu se servit des identités collectives régionales pour opposer entre eux les Congolais des différentes entités politiques. C'est dans ce contexte qu'on a assisté, un peu partout au Congo, à l'éclatement des partis politiques ciblés[1], à l'éclatement de la plate forme de l'opposition en deux ailes (Union sacrée de l'opposition radicale et Union sacrée libérale) et à l'éclatement des conflits ethniques, par exemple, au Kasaï Oriental entre les Bene Kapuya et les Bena Nshimba, au Nord-Kivu entre les Banyamulenge et les Bahunde et les Banande, au Sud-Kivu entre les Banyamulenge et les Bafulero et les Bavira et, enfin, au Katanga, entre les Katangais originaires de cette province et les Kasaïens immigrés.

L'histoire nous rappelle que le conflit katangais-kasaïen des années 1990 dans la province du Katanga non seulement tire ses origines pendant la période coloniale, mais aussi semble avoir été provoqué par l'hégémonie économique des immigrés kasaïens qui a déclenché la frustration des populations autochtones[2].

---

[1] L'UFERI, à ses débuts, fut éclatée en deux ailes, puis en trois et enfin en quatre ailes: Nguz, Kishwe, Mwando et Benga. L'UDPS connut deux courants en son sein : UDPS et UDPS nationale; ce fut aussi le cas pour le PDSC, le FCN, etc.

[2] Voir à ce sujet, D. Dibwe dia Mwembu et M. Ngandu Mutombo, *Vivre ensemble au Katanga*, Paris, L'Harmattan, 2005.

Le problème de nationalité qui fait couler beaucoup d'encre et de salive surtout à l'Est de la RDC est une des causes de la crise qui s'y enlise et provoque des conflits entre les peuples frontaliers, qui, selon Yogolelo Tambwe ya Kasimba, « ont des prolongements dans des pays voisins, mieux : ils sont des prolongements en République démocratique du Congo des communautés ou couches ethniques situées dans des pays voisins, le Burundi et le Rwanda notamment. (...) qui n'hésitent pas à revendiquer leur nationalité congolaise, même les armes à la main : c'est leur *pour-soi* congolais. »[1].

Les sécessions, rébellions, groupes armés

Depuis son accession à l'indépendance en 1960, la République démocratique du Congo vit un cycle infernal de violences : mutinerie en 1960, sécession katangaise (11 juillet 1960-14 janvier 1963), sécession du Sud Kasaï (8 août 1960-1962), les rébellions de 1960 menées par Pierre Mulele (dans le Kwilu : 1963-1967), Gaston Soumialot (dans le Kivu) et Antoine Gizenga (dans la Province Orientale), les deux guerres du Shaba (guerre de 80 jours (1977) et guerre de six jours (1978), les guerres de Moba I (1984) et Moba II (1985), la guerre de libération menée par l'AFDL (1996-1997), la guerre de sanction contre Laurent Désiré Kabila (1998-2001)[2], les différents groupes armés, comme le Mouvement de Libération du Congo (MLC) de Jean Pierre Bemba, le Rassemblement Congolais pour la Démocratie (RCD) de Azarias Ruberwa, l'Union des Patriotes Congolais (UPC) de Thomas Lubanga, les différents groupes Mayi-Mayi, le M23 actuellement. Ainsi, le Congo se comporte non comme une nation, mais comme un amalgame d'ethnies nations.

---

[1] Yogolelo Tambwe ya Kasimba, « La question de nationalité en République démocratique du Congo et la paix dans la région des Grands Lacs africains » in *Likundoli, Mémoire et Enquêtes d'Histoire congolaise, Conflits et violences dans l'histoire contemporaine de l'Afrique centrale,* CERDAC, PUL, X (2006) 1-2, pp.11-55.

[2] Pour de plus amples informations, lire Mabiala Mantuba-Ngoma, « Système capitaliste et guerres post-coloniales en République démocratique du Congo », in Sabakinu Kivilu, Akele Adau et Mpeye Nyango (dir.), *La crise dans la sous-région des pays des Grands Lacs africains*, tome 1, Kinshasa, Presses de l'Université de Kinshasa, 2009, pp. 21-34.

Parlant des États africains, Fabien Eboussi Boulaga notait : « Nos États sont des Etats sans citoyens. Il s'agit d'une fusion monstrueuse de groupes hétérogènes, c'est-à-dire appartenant, littéralement à des espèces différentes. Ils peuvent de ce fait se traiter réciproquement d'étrangers, d'ennemis, voire d'animaux à face humaine (...) Ils ne sont donc pas citoyens les uns pour les autres »[1].

L'appartenance identitaire dicte le comportement de beaucoup de leaders politiques et culturels et constitue un des indicateurs du marasme politique dans lequel s'enlise un pays. Les conflits politiques suscités par l'appartenance identitaire s'accompagnent aussi des conflits à base économique qui surgissent surtout lorsque la répartition entre citoyens de la richesse nationale et des postes de responsabilité dans l'espace économique n'est pas équitable ou est jugée non équitable de la richesse nationale entre les citoyens.

La lutte pour l'hégémonie dans l'occupation des postes de responsabilités dans les espaces politiques et économiques est une cause fondamentale qui justifie l'émergence des conflits entre différentes tribus, ethnies, races, etc. Ces conflits qui devaient demeurer au niveau des individus opposent les tribus, ethnies d'appartenance des individus prétendant aux postes de responsabilité dans la mesure où ces groupes tribaux ou ethniques sont pris en otage par les individus. Parfois, lorsque les tribus ou ethnies s'y mêlent, on parle en termes de partage du gâteau et non plus en termes d'occupation des postes de responsabilité.

Le partage ou l'occupation des postes de responsabilité sont à l'origine des conflits à tendance séparatiste, comme par exemple, entre le Nord et le Sud Katanga.

Corneille Kimpiam Balbay et John Issingi Ndaba parlent, dans leur étude, du conflit qui oppose les autochtones du sud de la province de Bandundu à ceux du nord de la même entité. L'emplacement du chef-lieu de la province, siège des institutions provinciales, a été la pomme de discorde entre les parlementaires. Cette dissension a non seulement bloqué le fonctionnement normal de l'appareil législatif, mais aussi elle a ravivé le

---

[1] F. Eboussi Boulaga, *Les Conférences nationales en Afrique noire*, Paris, Karthala, 1993.

régionalisme, l'indiscipline, l'inertie et le fractionnement de l'unité politique, facteurs qui freinent le développement économique et social de la province et éloignent les initiatives en faveur de la population pourtant nécessaires pour un avenir meilleur[1].

Ce qui revient à dire que les causes premières de ces conflits n'ont pas encore été déterminées. Appréhender le facteur causal d'un conflit, constitue dans l'analyse du conflit une exigence de première importance.

Quelques différents remèdes ou voies de réconciliation

« L'homme honorable et respectable est celui qui s'efforce d'établir des ponts de communication entre nos communautés et faciliter l'entente malgré les tensions parmi les ressortissants de nos deux régions. Je ne dis pas qu'il faut jeter les événements de massacres aux oubliettes, ce serait irresponsable car les gens ont le droit de pleurer leurs morts ; mais il faut savoir en tirer des leçons qui nous évitent de revivre les événements de ce genre dans le futur. Il faut regrouper les gens de deux côtés de la palissade pour qu'ils parlent HONNETEMENT du POURQUOI de ces événements et COMMENT éviter d'en venir à cet état de choses »[2].

Cette citation traduit le désir, pour toute réconciliation, de recourir à un médiateur, une personne honnête, intègre, accepté par toutes les parties en conflit. Cela peut être des leaders des associations socioculturelles, un ancien président d'un pays ou un président, etc. Cela peut être aussi un homme de l'Église, etc., un chef coutumier, un notable, etc.

La réconciliation suppose l'organisation d'un espace de négociations et de médiation. Les groupes en présence devront avant tout reconnaître chacun leurs forfaits, s'amender, demander pardon réciproquement, accepter le pardon l'un de l'autre et se réconcilier. Il ne faudra pas seulement se poser la question de

---

[1] C. Kimpiam Balbay et J. Issingi Ndaba, « Le conflit autour du siège des institutions provinciales dans le Bandundu. Une contribution à la clarification de la polémique, 1966-1999 », in *Likundoli. Mémoire et Enquêtes d'Histoire congolaise. Conflits et violences dans l'histoire contemporaine de l'Afrique centrale*, CERDAC, PUL, X (2006) 1-2, pp. 85-109.

[2] Djo Mwamba, correspondance e-mail adressée à A. Kasongo autour du Conflit katangais-kasaïen, Indiana, USA, 28 octobre 2002.

savoir ce qui s'est passé, mais aussi et surtout comment gérer le passé[1]. Ensuite, les représentants des communautés en conflit doivent être invités à organiser des espaces de sensibilisation et d'informations avec leurs bases respectives en vue d'éclairer l'opinion sur l'évolution de la situation et l'amener à demander pardon, à pardonner à son tour, à oublier le passé, à définir concrètement les concepts d' « intégration » et de participation des uns et des autres à la gestion de la chose publique, à construire une nouvelle société régie par des rapports d'équité, de justice et de respect mutuel. Enfin, mettre sur pied une stratégie au niveau local, provincial, national pour prévenir ces genres de conflits.

L'absence d'un tel espace ouvre largement la porte à toutes sortes de spéculations négatives sur le processus de pardon et réconciliation. Une première piste non négligeable dans la recherche du règlement des conflits culturels, politiques, en RDC serait l'implication des chefs coutumiers qui jouissent encore d'une crédibilité relativement importante auprès de leur population et même des autorités politiques et administratives modernes. L'expérience vécue lors du conflit Luba-Lulua à la fin des années 1950 et au début des années 1960 a porté ses fruits et est un cas illustratif.

Le processus de réconciliation entre les deux communautés katangaise et kasaïenne a connu l'implication de beaucoup d'acteurs moraux et physiques : la conférence nationale souveraine (1992), la réconciliation en 1993 à Lubumbashi entre les gouverneurs des trois provinces du Katanga, Kasaï Occidental et du Kasaï Oriental, l'action du Club zaïrois de l'Amitié Shaba-Kasaï (1994), l'impact de la consultation nationale (mars 2000), etc. L'extrait ci-dessous emprunté au président de la Consultation nationale, Monseigneur Marini, chef de l'Eglise du Christ au Congo, donne un cliché de la situation politique interne au moment de l'agression du pays : « Les enfants de notre pays, nos fidèles dans la foi, nos familles vivent dans des suspicions et la méfiance réciproque. Nous sommes divisés et nous nous entre-tuons sous le regard médusé des violents (...) Nous refusons de nous parler, de nous regarder, de nous accepter, de nous saluer ou de nous

---

[1] V. Rosoux, *Pièges et ressources de la mémoire dans les Balkans*, Institut d'études européennes, Université catholique de Louvain, 2002, p. 26.

appeler "frères et sœurs", appellation sacrée en Afrique. Malheureusement, nous vivons cette triste situation, ce manque d'harmonie et d'entente aussi bien sur les plans personnel, individuel, familial, social, politique, idéologique que moral et spirituel. Que des querelles, des mésententes, des dissidences, des émiettements, des divisions au sein des foyers, de la classe politique, des partis politiques et même de la société civile ! »[1].

Le président de la Consultation nationale invitait, à travers son discours, la population congolaise à la conversion, c'est-à-dire au pardon et à la réconciliation avec son prochain. En effet, le peuple congolais ne pouvait pas prétendre arrêter l'avance de ses agresseurs en ordre dispersé. « Les langes sales se lavent en famille », dit-on.

Mais une attention particulière doit être faite en ce sens qu'un pardon commandé, arraché de force, donc non compris par celui qui le demande ni celui qui le reçoit, n'est pas un vrai pardon et ne conduit pas à une paix durable. En effet, comme le note Boniface Kizobo O'Bweng Okwess[2] qui cite Paul Ricœur et Olivier Abel : « Le pardon n'est pas en histoire un oubli total mais, pour reprendre l'expression de Paul Ricœur, un oubli de réserve dans ce sens qu'à un moment donné de l'histoire, un fait pardonné peut refaire surface »[3]. Car, le pardon, comme l'écrit Olivier Abel, « n'est pas une parole magique, immédiate, qui tirerait un trait sur tout, mais c'est une rupture avec le silence, une libération de la mémoire. Il permet et suppose une remémoration d'un passé jusque-là trop douloureux pour se formuler ? En ce sens là, le pardon ne se commande pas, c'est un acte de volonté passive, comme un accouchement, qui prend du temps. »[4]. Enfin, le

---

[1] Cité par E. Kayembe Kabemba, *Épuration ethnique ou conflit entre les Luba: Mémoire, oubli et enjeux d'une véritable réconciliation au Katanga*, Université de Lubumbashi, s.d., tiré sur http://www.fl.ulaval.ca/celat/histoire.memoire/confcapethm.htm , Consulté en date du 17 mai 2004.

[2] Kizobo O'Bweng-Okwess, « Approche historique pour analyser un conflit », in *Likundoli, Mémoire et enquêtes d'Histoire congolaise. Conflits et violences dans l'histoire contemporaine de l'Afrique centrale,* CERDAC, PUL, X (2006) 1-2, pp. 237-257.

[3] P. Ricoeur, « Aux origines de la mémoire, l'oubli de réserve », in *Esprit,* Août-septembre 2000, p. 32-34.

[4] O. Abel, « Le pardon ou comment revenir au monde ordinaire », in *Esprit,* Août- septembre 2000, p. 75.

nouveau paysage politique implanté par le régime politique de Mzee Kabila dont le cheval de bataille était la reconstruction et l'unité nationale du Congo était incompatible avec toute action séparatiste ou tendant à maintenir la division entre les différentes populations. Aussi, les nouvelles autorités politiques et administratives nommées par le nouveau pouvoir en place devaient-elles déployer leurs efforts en vue de rendre harmonieux les rapports régissant les populations de leurs entités juridiques respectives. Concernant, le problème de nationalité, une des causes des conflits récurrents à l'Est de la RDC, Yogolelo Tambwe Ya Kasimba nous propose une relecture des lois relatives à la nationalité congolaise, de 1885 jusqu'à 2004. L'application effective de l'actuelle loi sur la nationalité contribuerait, selon lui, à asseoir la paix non seulement à l'intérieur de la République démocratique du Congo, mais aussi dans la toute la région des Grands Lacs africains.

Il est utopique de prétendre effacer les identités ethniques et régionales qui distinguent en fait les populations les unes des autres. Il est cependant impérieux d'amener les leaders politiques à effacer l'ethnicité et le régionalisme radicaux dans la gestion de l'espace politique et de parvenir à un vivre ensemble. Les gens se sentiront d'abord Congolais avant de penser région et ethnie. Une telle vision de choses mettra à l'avant plan les intérêts nationaux et, par ricochet, ceux des provinces et des ethnies qui composent l'état-nation. La population fera sienne l'inclusion et non l'exclusion de l'autre, quelle que soit la taille démographique de son ethnie ou de sa tribu.

L'accès au contrôle de l'espace politique du Congo et, partant de ses différentes entités constitutives, devra reposer sur des critères objectifs, c'est-à-dire la compétence, la performance individuelle en lieu et place des critères subjectifs, notamment l'appartenance à un groupe ethnique ou régional quelconque. Il n'est pas bon que la vie quotidienne continue de s'imprégner de tribalisme, comme l'a déclaré l'ancien Archevêque de Lubumbashi dans son homélie de Noël 2003 à minuit, « Pire encore, lorsque quelqu'un est élevé à de hautes responsabilités, il s'entoure majoritairement de gens de sa tribu, quelle que soit leur compétence ! Ni l'aptitude ni la capacité en général ne comptent comme critères pour le choix de ses collaborateurs »[1].

Le principe cher qui doit nous guider vers des lendemains meilleurs doit être l'unité dans la diversité. En attendant, tout pouvoir qui se veut durable et équilibré doit tenir compte de la représentativité provinciale au sein de toutes ses institutions[2].

Mwamba Sinonda propose, dans son article intitulé « Situations conflictuelles et instabilité politique en RDC », trois types de remèdes : « **l'institutionnalisation du pouvoir**, qui fait revêtir le dirigeant arrivé au pouvoir par investiture constitutionnelle d'une autorité incontestable ; **la démocratisation de la vie politique**, qui établit des rapports non conflictuels entre la société civile et l'Etat grâce au dialogue permanent entre les deux instances et, enfin, **la gouvernance qui renforce la légitimité du pouvoir** d'Etat en lui permettant de satisfaire plus efficacement les besoins de la population. La gouvernance dont il est question suppose aussi le strict respect des textes qui nous régissent dans tous les domaines de la vie nationale. Mais, ajoute-t-il, une lourde hypothèque pèse sur la mission primordiale du pouvoir d'Etat ainsi légitimé. Il s'agit de la réaction des milieux dirigeants capitalistes lorsqu'il sera question de conditionner, sous la pression de la société civile, leur accès aux ressources naturelles dont regorge le sous-sol de la R.D.Congo par la prise en compte enfin des intérêts légitimes du peuple congolais. Car il faudra finalement entreprendre la reconstruction d'une économie nationale qui ne soit plus exclusivement orientée vers la satisfaction des exigences des multinationales occidentales, mais aussi et surtout vers la production pour le marché intérieur de masse, qu'il faudra alors rendre solvable grâce à une politique vigoureuse de redistribution des revenus en faveur des masses laborieuses »[3].

---

1 F. Songa-Songa (Mgr), « Homélie de Noël 2003 », in *Journal Mukuba*, édition n°279 du 7 au 14 janvier 2004, p. 3.

2 F. Raison-Jourde et Sofolo Randrianja (dir.), *La nation malgache au défi de l'ethnicité*, Paris, Karthala, 2002, p. 9 (Introduction).

3 Mwamba Sinonda, « Situations conflictuelles et instabilité politique en RDC », in *Likundoli : Mémoire et Enquêtes d'Histoire congolaise. Conflits et violences dans l'histoire contemporaine de l'Afrique centrale*, CERDAC, PUL, X (2006) 1-2, pp. 258-275.

Conclusion : nos recommandations

La réconciliation des conflits exige qu'avant tout, la question fondamentale soit celle de savoir ce que les communautés antagonistes se reprochent, que l'on en approfondisse sérieusement les causes lointaines et immédiates qui ont conduit au déclenchement du conflit. Ce dernier peut être politique, économique, foncier, culturel, social, etc. et que l'on réhabilite le groupe lésé dans ses droits. Cette réconciliation doit s'accompagner d'un amendement. L'identification des acteurs impliqués dans le conflit, comme, par exemple, le gouvernement (institutionnalisation du pouvoir, démocratie, bonne gouvernance), les pays voisins, les multinationales, la communauté internationale, etc., est indispensable.

Parmi ces facteurs, deux nous ont semblé essentiels, à savoir, d'une part, les ingérences étrangères, qui visent à la déstabilisation de tout pouvoir d'Etat qui menacerait les intérêts économiques et stratégiques occidentaux, et, d'autre part, l'individualisation du pouvoir, qui expose celui qui le détient aux menées subversives de ses rivaux.

La réconciliation suppose aussi une véritable éducation de la population sur le sens du nationalisme national. Les gens doivent se sentir avant tout congolais, donc privilégier d'abord l'identité congolaise avant toute autre identité tribale, ethnique, provinciale, etc. Cette éducation doit être suivie de la mise sur pied des stratégies de prévention des conflits.

La réconciliation suppose aussi la mise sur pied d'une bonne gouvernance dans tous les domaines du vécu quotidien, dans la gestion des biens et des personnes, la gestion économique, politique, sociale, culturelle ; mettre un terme au système clientéliste qui engendre la prise en otage de tout un groupe de gens par un individu ou celle de prise en otage de l'individu par un groupe de personnes. Cela veut dire la libération de l'individu de l'emprise du groupe d'individus et aussi la libération du groupe de l'emprise d'un individu. « La notion de gouvernance, note Mwamba Sinonda, implique, en effet, une gestion saine et efficace des affaires publiques en vue de la satisfaction des besoins d'intérêt général. À cet effet, la vie politique doit être ouverte, à l'écoute du peuple, ce qui requiert que soit encouragée l'association libre des citoyens au sein d'organisations de masse volontaires, où le débat est constamment possible. Pareille gestion, qui permet à l'État de répondre efficacement aux demandes de la population, aura pour effet de conforter la légitimité du pouvoir d'État dans la mesure où elle entraînera certainement le consentement des citoyens et leur obéissance librement consentie, ce qui garantira d'autant sa stabilité en coupant court aux soulèvements populaires. »[1].

Nous sommes sûrs qu'un peuple réconcilié, uni et nationaliste peut aisément faire face à toute ingérence étrangère déstabilisatrice.

---

[1] Mwamba Sinonda, « Situations conflictuelles et instabilité politique en R.D.C. », in *Likundoli, Mémoire et Enquêtes d'Histoire congolaise, Conflits et violences dans l'histoire contemporaine de l'Afrique centrale,* CERDAC, PUL, X (2006), 1-2, pp. 273-275.

La notion de « l'hypothèse de contact » comme stratégie d'atténuation des conflits interethniques pour le développement de la RD Congo

Sr Charlotte Bizige

Aujourd'hui, avec la mondialisation et le progrès de la communication, nous assistons à une plus grande mobilité des personnes d'origines ethniques et culturelles différentes pour des motifs variés. La plupart des fois, ces personnes sont mues par des motifs d'échanges commerciales, par la fuite des guerres et des calamités naturelles (sécheresses, inondations, tsunami, tremblement de terre) sans oublier les autres situations problèmes que celles-ci provoquent : le chômage, la pauvreté, l'insécurité, la famine, le terrorisme, les représailles...

Toutefois, un constat amer se fait sentir : la rencontre de ces populations, différentes par leurs cultures, leur statut social, leur race et ethnie[1], ne se fait pas toujours sans heurts. S'installer et

[1] Du mot grec « *ethnos* », elle désigne étranger, peuple, nation ou tribu. Le mot est surtout forgé par les ethnologues et les anthropologues pour analyser les sociétés non européennes, en particulier africaines, le plus souvent colonisées par les européens. Il désignait alors des groupements d'hommes partageant une même ascendance et une même culture, mais qui n'étaient pas nécessairement organisé en une formation politique stable. Il faut signaler que le terme avait alors une connotation péjorative, il désignait des modes d'organisation sociales et politiques qu'on qualifiait jusqu'au milieu du xx° siècle, de primitives. Il impliquait que les liens entres les hommes appartenant à la même ethnie fussent de type immédiat et « naturel » : ils partageaient des pratiques et des émotions communes, tendant par là à exclure les autres. Plus tard, il a permis de ne pas utiliser le mot « race », quand ce dernier était devenu péjoratif. Le terme est en quelque sorte le résultat de la projection sur la réalité africaine des conceptions européennes de la « nation » par les colonisateurs. Ce seraient les européens qui auraient construit les « ethnies » africaines à partir en opposition à leur propre conception de l'organisation politique. La politique coloniale aurait ainsi cristallisé et fixé dans l'espace des ethnies » pour organiser les populations africaines selon la conception des nations stabilisées de l'Europe, alors que les formations politiques africaines ne comportaient ni frontières sociales ni frontières spatiales permanentes et stables. Les soi-disant ethnies se définissaient et se redéfinissaient en un système de transaction et

entrer dans le monde des « autres » ne se fait pas automatiquement ! On assiste fréquemment à des confrontations pas toujours pacifiques avec ces « inconnus », ces « étrangers », ces « barbares » avec leurs habitudes non familières aux nôtres qui nous choquent[1]. Alors, soutenus par les préjugés et d'autres formes d'hostilités, la tendance naturelle qui se développe spontanément est celui d'exclure et de former des murailles de protection contre *ces gens qui ne nous ressemblent pas* et *qui n'agissent pas comme nous.* Cela se complique et peut conduire à de véritables conflits ouverts surtout quand d'autres organisations en l'occurrence les puissances coloniales s'en mêlent en prônant pour la valorisation des autochtones au détriment des invasions d' « étrangers » ou parfois en montant les

---

d'échanges qui n'était pas défini par un territoire précisément délimité, des lois communes imposées selon des règles stables, l'appartenance claire des individus à l'organisation collective. Une autre signification de l' « ethnique » est venue de la sociologie américaine et de la découverte de l'existence des « groupes ethniques » à l'intérieur de la population des Etats-Unis. Alors que la politique du pays avait traditionnellement consisté à assimiler, les immigrés venus du monde entier et que les sociologues insistaient sur les processus par lesquels se constituait une nation unique à partir de populations diverses, le sociologue ont découvert, que, loin de former une population unifiée, les origines des populations américaines continuaient à influencer leurs conduites. Les Noirs, les Portoricains, les Juifs, les Italiens et les Irlandais de New York formaient des « groupes ethniques ». Les groupes se constituent par leur action pour imposer les frontières sociales par lesquelles ils se construisent. Pour les comprendre, il faut donc étudier les pratiques et les processus par lesquels les frontières qui séparent les groupes sont socialement étables, maintenues ou effacées ; les identités ethniques sont ainsi le produit, toujours susceptibles d'être réorganisé, d'une situation sociale et de processus d'auto et d'hétéro assignation.

Cette conception a permis d'utiliser le même terme de groupe ethnique ou d'ethnicité pour analyser la conscience et les revendications des groupes aussi bien dans les société africaines que dans les sociétés de la modernité contemporaine, suscitant de nombreuses recherches sur les sujets les plus divers, des revendications régionales dans les anciens Etats-nations de l'Europe, à la mobilisation d'identités « ethniques » plus ou moins symboliques aux Etats-Unis, jusqu'aux conflits dans l'Afrique centrale. Suite à des recherches de Fredrick Barth et ses disciples, le groupe ethnique ne se définit plus par leurs caractéristiques objectives mais par la situation sociale (N. Sillamy (dir.), *Dictionnaire usuel de psychologie,* Paris, Bordas 1993, pp. 412-413.)

[1] Cfr R. Bastide, *Noi e gli altri. I luoghi di incontro e di separazione culturali e razziali,* Milano, Jaca Book, 1990, pp. 12-13.

groupes les uns contre les autres : tel groupe jugé plus performant et intelligent et tel autre qui ne mérite que des travaux champêtres, car non apte pour diriger. Actuellement, il n'est pas rare d'entendre parler des guerres de séparatisme, des conflits interethniques, les divisions entre peuples appartenant à un même pays pour des motifs idéologiques, politiques, culturels, économiques ou tout simplement par le fait qu'ils sont différents seulement. L'intolérance semble émerger et gagner du terrain dans plusieurs coins du monde et en R.D Congo. Les journaux et les nouvelles télévisées de chaque jour (du moins ceux internationaux) sont sensibles à ces faits et ne manquent pas d'en souligner les effets néfastes chaque fois qu'ils en ont l'occasion. Les énergies que les gouvernants pouvaient concentrer au souci du développement sont éparpillées pour trouver des solutions aux problèmes sécuritaires et surtout pour l'apaisement des conflits parfois inutiles.

Des situations pareilles se sont vécues aux États Unis où les différents groupes raciaux peinaient à vivre ensemble. Etant donné les conditions précaires dans lesquelles intervenait le contact interethnique, le pays perdait une partie de l'apport économique que chaque groupe ethnique devait donner comme contribution au développement. Il fallait trouver des voies et moyens pour que tous les peuples, autochtones ou non, puissent cohabiter pacifiquement de façon à travailler à la construction de la nation. Des études furent organisées pour réduire les préjugés entre les groupes ethniques et raciaux. C'est ainsi que naquit la théorie de *l'hypothèse de contact* que le psychologue G. W. Allport va étudier et mettre à l'épreuve pour voir si le seul contact entre élèves blancs et noirs suffirait pour résoudre les conflits interraciaux.

Notons que l'hypothèse de contact connut une visibilité dans les années 1948 lorsque la Cour Suprême des États-Unis déclara anticonstitutionnelle la ségrégation[1] raciale dans les écoles. Ses

---

[1] « La ségrégation » s'oppose au concept de la *déségrégation* et ce dernier est vu par N. Miller et M.B. Brewer comme un contact élargi entre des groupes sociaux initialement isolés qui porte à un changement progressif et ceci n'est pas être estimé pour un temps ou une période limité (Cf. N. Miller - M.B. Brewer (Eds), *Groups in Contact: The Psychology of Desegregation*, New York, Accademic Press 1984, p. 2.)

magistrats furent convaincus que la discrimination était à la base de mauvaises performances scolaires, et que la basse estime de soi des Noirs américains provenait de la ségrégation des écoles, c'est-à-dire d'un manque de contacts entre membres de groupes différents[1]. Le témoignage de Allport à travers son livre, « *The nature of prejudice* », suggère à ce propos quelques recommandations et conditions que nous verrons plus loin, pour que ce fameux contact ait un impact positif dans la relation intergroupe.

Après la mise à l'épreuve de l'hypothèse de contact, une série des contributions théoriques a été mise en marche par différents auteurs dans différents contextes en proie des conflits interethniques et interraciaux comme l'Afrique du Sud, la Belgique, l'Israël, l'Irlande. C'est dans ce même ordre d'idées que nous avons choisi de parler de *l'hypothèse de contact comme stratégie d'atténuation des conflits interethniques pour le développement de la R.D. Congo*. Au fait, la discrimination et la répulsion intergroupes retardent le développement (comme dit plus haut), car elles gaspillent les énergies et d'autres ressources qui peuvent être mises à la disposition de la nation pour la promotion économique, culturelle, politique, etc. L'intégration régionale/culturelle peut être source d'enrichissement quand les différences sont perçues comme une richesse et non comme une menace. C'est pour cela qu'il faut s'éduquer au contact interculturel et à la convivialité pacifique. Aujourd'hui plus que jamais, l'éducation ne peut être qu'interculturelle, car elle prépare les jeunes générations à faire des échanges enrichissants en vue de s'adapter aux sociétés du monde, qui deviennent de plus, en plus multiethniques. Le monde est devenu un village, dit-on ; partout on doit se sentir chez soi.

Notre exposé s'articule en deux grandes volées : la compréhension de l'hypothèse de contact d'une part, et les stratégies à travers lesquelles le contact peut atténuer les conflits interethniques d'autre part.

---

[1] Cf J.-P. Leyens - V. Yzebyt - G. Schadron, *Stéréotypes et cognition sociale*, Sprimont, Mardaga 1996, pp. 68-69.

La notion de « l'hypothèse de *contact* » élaboré par G.W. Allport

Évoquer le concept de « contact », c'est vouloir faire allusion à une rencontre qui peut s'effectuer dans un café, dans un bus de transport, au marché ou au bureau, parfois, sans but commun ou par pur hasard. Ces genres de contacts ne produisent pas apparemment un résultat significatif dans la relation intergroupe, car ils se déroulent dans l'anonymat ou dans l'ignorance de l'existence de l'intérêt commun ou de l'existence de l'autre. Chacun vaque à ses occupations sans nécessairement s'intéresser à ce qu'est l'autre.

Il existe, en effet, plusieurs types de contact qui se qualifient selon la fréquence, la durée, le motif et l'environnement, et le type de l'interaction. Un contact peut être *sporadique et superficiel* quand il ne dure qu'un petit laps de temps. La plupart de temps, ce contact ne se répète plus ; il laisse dans l'oubli les échanges qui se sont faits. Ce type de contact est appelé « *contact occasionnel* ». Ce genre de rencontre qui se passe d'une façon occasionnelle est incapable de mettre fin aux hostilités entre groupes différents, mais plutôt elle peut-elle renforcer les préjugés. Allport affirme que « dans des milieux caractérisés par la ségrégation, les contacts se passent toujours superficiellement ou bien ils sont *congelés* dans des rapports fonctionnels[1].

Le contact peut être qualifié de *fonctionnel ou* de *technique* lorsqu'il permet seulement de jouer un rôle ou d'accomplir une action attribuée à une personne du groupe différent. Une fois la mission terminée, la rencontre n'a plus de raison d'être.

Le contact entre peuples et ethnies différents peut s'actualiser à travers *la lecture.* Ces dernières décennies, on parle beaucoup du *contact virtuel* qui s'actualise grâce aux réseaux sociaux et aux nouvelles technologies. Le phénomène de globalisation et les nouvelles technologies nous donnent aujourd'hui une plus large possibilité d'accès aux informations et aux données, ainsi que d'être en contact avec un plus grand nombre des groupes ethniques qui peuplent la terre. Pourtant, on ne peut pas affirmer qu'il s'agit d'une communication profonde. Le plus souvent, ce contact se passe de manière artificielle, sur un niveau de relations superficielles excluant une vraie réciprocité et

---

[1] Cf G. Allport, *La natura del pregiudizio [The nature of Prejudice,* Cambridge, Addison-Wesley 1954], Firenze, La Nuova Italia 1973, 372-373.

interdépendance. Cela mène à une rencontre basée sur des perceptions personnelles parfois erronées et, la plupart de fois, dans cette relation on cherche ce qui peut confirmer les idées stéréotypées sur l'autre.

Nous pouvons donc affirmer qu'un simple contact n'est pas suffisant pour réduire les d'hostilités interethniques. Pour qu'un contact soit fructueux plusieurs éléments doivent être mis en jeux: notamment il faut tenir compte de l'aspect quantitatif du contact, la fréquence, la durée et le nombre de personnes qui y sont engagées. De même, il ne serait pas correct d'oublier les éléments sociaux qui entourent ce contact : plus précisément, il faut savoir si le contact se passe en conditions de dominé- dominant, de parité ou s'il se passe en conditions de majorité et minorité.

À tous ces aspects s'ajoutent d'autres éléments qui peuvent varier d'un cas à l'autre : les rôles sortant du contact, c'est-à-dire s'il est un rapport de compétition ou de coopération, l'ambiance social, qui joue le rôle d'arrière-plan au contact ainsi que les conditions sociales qui le caractérisent : ségrégation ou intégration, favorable ou défavorable pour la convivialité multiethnique; les types de personnalités impliquées dans ce contact et les différents milieux dans lesquels le contact se passe. En effet, les caractéristiques des individus impliqués dans la relation peuvent donc influencer le développement positif ou négatif du contact intergroupe. Allport affirme que lorsque les sujets engagés ont de grands préjugés, il est fort probable que le contact des ces sujets avec les autres groupes n'aboutisse pas à une bonne relation[1].

Processus psychiques intervenants dans l'exclusion l'autre

Beaucoup d'auteurs sont d'accord à affirmer que ce qui est inconnu suscite la tension et l'anxiété. On tend, en effet, à éviter l'inconnu et le « différent » parce qu'il nous exige trop d'efforts pour entrer en relation avec lui. On ne sait pas le contrôler car il n'est pas classé parmi les catégories qui nous sont familières. Alors la dichotomie "sécurité-menace", en termes de vécu personnel devient un point critique pour la formation d'une

[1] Cf *Ivi*, pp. 363-365.

personnalité tolérante. En effet, qui se sent menacé aura tendance à exclure, à ne pas accepter l'autre, surtout il tend à afficher des attitudes défensives de projection et d'évitement c'est-à-dire à ne pas affronter des expériences et circonstances qui pourraient potentiellement faire vivre de moments de frustration ou de peur[1]. Ensuite, pendant les expériences de confrontation interpersonnelle, les sujets tendent à exalter la différence qui les sépare des autres et à minimiser les ressemblances qui, objectivement, les rapprochent[2]. Ainsi s'instaure une tendance à voir une barrière de séparation toujours plus grandissante qui s'accompagne de l'exclusion ou de l'agression de l'autre. L'exclusion semble être une tendance due à l'absence d'occasion pour constater que les autres ressemblent à soi et appartiennent au même genre humain.

L'utilité du contact

Le contact vient pour réduire le faussé de séparation entre deux groupes antagonistes. Il facilite l'établissement d'un pont de dépassement des barrières de séparation entre les groupes ennemis et offre les opportunités de connaissance réciproque. De cette connaissance pourrait naître un rapport positif basé sur la découverte des caractéristiques communes[3]. Il contribue à accroître les connaissances et les opinions plus objectives pour réduire les stéréotypes sur l'*outgroup.* La tolérance et les attitudes positives vers les groupes ethniques différents peuvent conduire vers une compréhension mutuelle[4]. C'est dans cette optique que le contact se propose comme une voie possible conduisant à l'acceptation de la diversité et du pluralisme ethnique qui caractérisent plusieurs de nos sociétés modernes.

---

[1] Cf P. Calegari, *Le radici della tolleranza,* in *Psicologia contemporanea* 21 (1994) 122, p. 45.

[2] Cf G. Vinsonneau, *Appartenances culturelles inégalités sociales et procédés cognitifs en jeu dans les comparaisons inter-personnelles,* in *Bulletin di Psychologie* 48 (1994) 149, p. 421.

[3] Cf G.W. Stephan - C.W. Stephan, *The Role of Ignorance in Intergroup Relations,* in N. Miller - M.B. Brewer (Eds), *Groups in Contact: The Psychology of Desegregation,* New York, Academic Press, 1984, pp. 237-238.

[4] Cf. Allport, *La natura* pp. 371-372.

T. Pettigrew et M. Tropp affirment qu'à travers l'interaction de face à face entre les membres des groupes clairement identifiables, il y a la possibilité de dépasser l'ignorance des uns et des autres afin d'établir un échange de connaissance réciproque[1]. Dans cette perspective, le contact entre les groupes différents n'advient pas de façon automatique et simple ; celui-ci comporte plutôt un processus dynamique et complexe avant d'arriver à une intégration. Ce processus n'est donc pas linéaire : parfois il peut produire une situation de faillite ou de *choc culturel*[2]. De fois, il conduit à des conflits ouverts et à une situation instable où s'alternent l'entente et la mésentente. *In concreto*, par exemple, le passage peut partir d'un contact anodin à la compétition qui après, cède la place à l'adaptation et, finalement à l'assimilation[3].

Dans la mesure où le préjugé et les hostilités interethniques sont basés essentiellement sur une information erronée, on peut avoir foi dans la possibilité de les dépasser à travers une information plus correcte grâce à un contact direct avec l'objet des préjugés. À partir de la connaissance réciproque, on peut donc faire disparaître les préjugés et les hostilités entre les groupes différents. Par contre, en considérant le préjugé et l'hétérophobie dans leurs aspects psychodynamique ou cognitifs on doit tenir compte que d'autres dynamiques sont impliqués comme, par exemple, l'émotion qui, souvent associée au préjugé tend à susciter la résistance au changement à travers le contact[4].

Le contact intergroupe peut, ensuite générer des liens affectifs entre les membres des groupes opposés. Avec la fréquence de contact entre individus appartenant aux groupes différents, augmente la probabilité que se développent des liens

---

1 T.F. Pettigrex – L.R. Tropp, *Does Intergroup Contact Reduce Prejudice? Recent Meta-Analytic Findings*, in S. Oskamp (a cura di), *Reducing Prejudice and Discrimination*, London, Lawrence Erlbaum Associates Publishers 2000, p. 95.

2 Par « choc culturel » on entend un sentiment profond de désorientation qu'éprouvent les personnes et les groupes qui entrent subitement en contact avec un milieu culturel dont la configuration est totalement inconnue, incompréhensive et même menaçante (H. Carrier, *Dizionario della cultura. Per l'analisi culturale e l'inculturazione [Lexique de la culture pour l'analyse culturelle et l'inculturation,* Tournai, Descelée, [s.a]], Città del Vaticano, Editrice Vaticana, [s.a].)

3 Cf. Allport, *La natura* p. 361.

4 Cf. Mazzara, *Appartenenza e pregiudizio. Psicologia sociale delle relazioni interetniche*, Roma, Carocci 1998, pp. 170-171.

profonds entre eux. Par contre, les individus qui fréquentent exclusivement les membres de leur groupe ou de leurs églises, ont des connaissances et des amitiés limitées dans leur groupe. Une étude conduite par M. Deutsh et M.E. Collins, sur l'intégration raciale dans les logements, a révélé que durant le contact interracial, soit occasionnel, que de voisinage, les personnes qui habitaient dans des appartements intégrés tendaient à avoir des rapports amicaux avec des personnes des deux races, plus que celles qui habitaient dans les appartements non intégré. Par exemple, les occupants blancs de l'appartement intégré manifestaient des sentiments significativement plus positifs des ceux qui vivaient dans les appartements réservés aux seuls blancs[1].

Le contact intergroupe permet en outre de valoriser *l'ingroup* parce que quand on s'approche d'un groupe différent du sien, on tend à faire une comparaison avec le groupe d'appartenance, à revisiter ses propres valeurs, normes et coutumes, en les confrontant à celles des autres. En agissant ainsi, on découvre les limites de *l'ingroup* susceptibles d'être compensées par les avantages des autres groupes. C'est dans la mesure où l'on valorise les valeurs des autres qu'on prend distance de *l'ethnocentrisme* et de la *deprovincialition*[2]. Le contact permet alors d'accueillir la diversité des autres et devient un instrument d'échange, une ressource et non une menace[3]. L'interdépendance, qui en dérive, permet une interaction constructive dans laquelle les points de vue différents sont mis ensemble pour résoudre les problèmes quotidiens dans l'accomplissement des travaux qu'un groupe seul ne peut affronter sans la contribution de l'autre. Toutefois, le contact lui-même n'est pas suffisant pour diminuer les hostilités

---

[1] Cf. Allport, *La natura* p. 373.

[2] *L'ethnocentrisme* est une disposition générale qui indique « le provincialisme ou l'étroitesse culturelle. C'est surtout une tendance de l'individu à être « centré ethniquement », à accepter de façon rigide ceux qui lui sont « semblables » par la culture et à rejeter ceux qui sont « dissemblables ». Les personnes ethnocentriques ont des préjugés contre touts ceux qui sont étrangers ou différents qu'ils soient membres du groupe d'appartenance ou non (Cf. M. Blling, *Racisme, préjugé et discrimination in* S. Moscovici *(dir), Psychologie sociale,* PUF 1988[2], p. 256).

[3]Cf. Mazzara, *Appartenenza* p. 177.

interethniques, au contraire s'il n'est pas accompagné par certaines conditions préalables il peut produire des effets néfastes constituant ainsi une potentielle occasion pour s'éliminer mutuellement.

Les conditions pour que le contact conduise à une perception interethnique plus positive selon Allport.

Avant tout, le contact doit être soutenu et orienté vers l'atteinte d'un but commun. Un contact intergroupe sans but apparent n'est pas susceptible de changer les attitudes intergroupes. Deuxièmement, Allport soutient que le contact intergroupe doit être sanctionné par un appui officiel des autorités. Par conséquent, dans le cas d'une société multiethnique, une politique officielle d'intégration[1] culturelle et ethnique doit

---

[1] Le concept *d'intégration*, qui s'oppose à celui de l'exclusion, est souvent appliqué soit à un système social, soit au rapport qu'entretiennent réciproquement un individu et un système social. Il désigne un état d'interdépendance ou cohérence entre des éléments ou bien des processus sociaux. Nous pouvons le trouver en sociologie ou d'autres branches liées à celle-ci : sociologie politique, démographie, psychologie sociale, sociologie économique et en économie du développement. Les processus d'intégration régionale sont alors les convergences et dynamiques permises par des coordinations de politiques économiques et par l'intensification des échanges entre les acteurs économiques, des entités constituant la « région » qui peut être ici un pays. Si l'on envisage l'usage du terme intégration en dehors de ces considérations de nature macroéconomique, il est incontestable que l'intégration apparaît comme concernant simultanément, dans les sociétés, des individus et des groupes sociaux. Par conséquent, l'intégration revêt de nombreuses dimensions : elle peut être individuelle par rapport à la société en général, par rapport à un groupe, mais peut aussi concerner un groupe social par la nature des relations qu'il entretient avec les autres structures de la société. Les individus font partie d'une population qui peut généralement être définie par la résidence sur un territoire, et l'on touche alors la dimension démographique de l'intégration à une population qui peut être une communauté de citoyens, sans nécessaire considération de nationalité. De fait, est souvent étudiée l'intégration à une population d'individus définie par la présence sur un territoire donné. Du point de vue socio-politique, l'intégration dans une communauté nationale repose sur la possession d'une nationalité particulière, qui peut éventuellement être acquise durant la vie. La dimension socio-économique de l'intégration recouvre les trajectoires scolaires, les carrières professionnelles et leurs éventuelles interruptions mais aussi les situations familiales qui ne sont pas sans influence sur les situations socio-

être mise en place afin de permettre au processus de contact intergroupe de porter des fruits. Troisièmement, le contact intergroupe doit se faire entre des groupes de statut et de pouvoir égaux. En effet, selon Allport, un contact soutenu entre des groupes dont le statut et le pouvoir sont inégaux, risque tout simplement de consolider les attitudes et les comportements négatifs existant entre les groupes. L'époque de l'esclavage démontre bien que le contact soutenu entre les Blancs et leurs esclaves n'a guère changé les attitudes négatives des blancs envers les noirs durant cette tranche de l'histoire humaine. Donc pour Allport, c'est en réunissant ces conditions optimales que les politiques de contact et d'intégration ethniques ont des chances d'être efficaces dans les domaines de l'emploi, de l'éducation et de l'urbanisme.[1]

a. La coopération pour l'atteinte d'un but commun

Un contact intergroupe sans coopération pour un but apparent n'est pas susceptible de changer les attitudes intergroupes. Plusieurs travaux ont établi que la coopération intergroupe pour la réalisation d'un but commun permet d'atténuer les préjugés et la discrimination. Cependant, l'effet de la poursuite d'un but commun n'est pas aussi automatique et aussi simple qu'il paraît. En effet, suite à une phase de compétition et

---

économiques. Souvent le concept d'intégration est réduit à la seule évocation des modalités de participations de personnes immigrées ou étrangères dans une structure sociale déterminée (J.-L. Richar, *Intégration,* in S. Mesure - P. Savidan (dir.), *Le dictionnaire des Sciences Humaines*, Paris, PUF, 2006, pp. 636-637). *La politique sociale d'intégration* a comme objectif de représenter les innombrable groupes sociaux dans les écoles, les logements, les lieux de travail. L'autre objectif est la reconnaissance des différences entre les groupes de façon à éviter l'assimilation ou fusion des groupes minoritaires dans les groupes majoritaires. L'intégration devient alors un processus à travers lequel les membres de *l'outgroup* acceptent la subsistance de la spécificité ou l'originalité culturel d'un *ingroup*, tout en sauvegardant, leur propre culture et identité. Ceci est vus par l'OMS (Organisation Mondiale de la Santé) comme une base de droit humain en particulier pour les groupes minoritaires qui, dans l'histoire ont joui de l'opportunité de l'égalité dans l'éducation, l'habitation, le sport et dans le travail (Cf R. Brown, *Integration,* in A.S.R. Manstead - M. Hewstone (a cura di), *The Blackwell Encyclopedia of Social Psychology,* Oxford, Blackwell Publishers 1996, p. 325).

[1] R.Y. Bourhis - J.-P. Leyens (Eds), *Stéréotypes, discrimination et relations intergroupes*, Liège, Mardaga, 1994, pp. 189-190.

d'hostilité, si la coopération n'aboutit pas à la réalisation du but commun, les attitudes et comportements entre les deux groupes peuvent se détériorer ; et dans ce cadre, chaque groupe peut accuser l'autre d'être responsable de la mauvaise performance. Avant de s'engager dans la mise en place d'un contact et d'une coopération intergroupe, S. Worchel souligne, à ce propos, que les chances de succès doivent être évaluées.

b. Le statut et le pouvoir égaux des groupes en contact

Allport note qu'un contact soutenu entre des groupes dont le statut et le pouvoir sont inégaux risque tout simplement de consolider les attitudes et comportements négatifs existant entre les groupes. L'époque de l'esclavage démontre bien que le contact soutenu entre blancs et leurs esclaves n'a guère changé les attitudes négatives des blancs envers les noirs, et vice versa, durant cette tranche de l'histoire humaine.

c. Le soutien des autorités par des normes sanctionnant la discrimination

Le contact intergroupe, doit être sanctionné par un appui officiel des autorités. Par conséquent, dans le cas d'une société multiethnique, une politique officielle d'intégration culturelle et ethnique avec une loi sanctionnant la discrimination, doit être mise en place afin de permettre au processus de contact intergroupe de porter des fruits. Dans cette perspective, nous pensons que l'application des lois de la république s'avère d'une grande importance, car se sentant soumis aux mêmes lois, bien que différents, et appartenant à des groupes diversifiés, les membres d'un Etat développent le sentiment d'appartenance à une même nation.

d. La situation dans laquelle prend place le contact doit favoriser une infirmation des stéréotypes prévalent à propos des membres de l'exogroupe

Il est frappant de constater que la plupart de fois nous connaissons d'autres cultures par entendre dire. Et l'entendre dire provenant de l'homme de la rue, des médias ou même de la lecture des manuels, véhicule pas mal des stéréotypes qui étiquettent les individus d'une autre culture. C'est la rencontre ou le contact qui sert à lever l'équivoque. La correction des connaissances erronées de l'autre permet une rencontre pacifiée, mais à condition que les éléments stéréotypés qui y sont impliqués ne soient pas confirmés.

Les stratégies d'atténuation des conflits interethniques à travers l'approche cognitive.

Étant donné les quelques lacunes qu'a accusé l'hypothèse de contact durant son application sur le terrain, notamment difficulté de la généralisation des effets positifs du contact au groupe entier, la découverte des similitudes et des divergences pouvant maintenir la méfiance et la suspicion intergroupe, il a été nécessaire de pousser loin les expériences et d'essayer d'autres approches dont l'approche cognitive. Celle-ci propose trois modèles susceptibles d'entraîner une atténuation des préjugés et les hostilités lors d'un contact entre deux groupes : la décatégorisation, la différentiation et la recatégorisation[1].

La décatégorisation

Étant donné, la catégorisation en « nous »/ « eux » (c'est-à-dire mon propre groupe d'un côté et les autres (s) groupes de l'autre) se veut être à la base de la discrimination, une première solution consiste à éviter la catégorisation de groupe. Ainsi, parmi les expériences de contact qui permettent de réduire les préjugés, il existe celles qui donnent aux participants la possibilité de se connaître en tant qu'individus, de personne à personne, et non en tant que membres de groupes distincts. On parle alors de « *décatégorisation* ». Selon le modèle de la personnalisation de M.B Brewer et N. Miller, la décatégorisation des individus rendrait inutile la catégorisation « nous »/ « eux », et réduirait par conséquent l'identité sociale collective au profit d'une identité personnelle. Malheureusement, dans notre vie quotidienne, il est difficile d'appliquer cette catégorisation dans la mesure où nous distinguons constamment les groupes, les uns des autres

---

[1] J.-B. Legal - S. Delouvée, *Stéréotypes, préjugés et discrimination*, Paris, Dunod, 2008, pp. 101-103.

(hommes/femmes, français/américains, étudiants en psychologie/étudiants en droit, etc.). Si les protagonistes interagissent en tant que personnes et non en tant que membres de leur groupe respectif, il est probable que les attitudes positives ne se généralisent pas à l'ensemble des membres du groupe visés par le préjugé. Les personnes de l'exogroupe rencontrées sur une base interpersonnelle sont considérées comme non représentatives de leur groupe et la généralisation attendue ne se produit pas forcément. Tout en maintenant que les contacts personnalisés répétés devraient permettre d'obtenir cette généralisation, Brewer et Miller reconnaissent la contradiction entre la décategorisation (élimination des catégories) et la généralisation à l'ensemble des membres de l'exogroupe.

La différentiation

Le modèle de la « *différentiation* » a été proposé pour remédier à ce problème de généralisation. Il propose que l'appartenance groupale demeure saillante (visible, remarquable) durant l'interaction et que chacun des groupes doit avoir un rôle distinct et complémentaire à jouer en vue de réaliser un objectif commun. En résumé, les groupes sont rendus interdépendants. Chaque groupe doit avoir des caractéristiques propres à lui dans son domaine d'expertise, ainsi chacun pourra respecter et valoriser la contribution de l'autre. En définitive, chaque individu ressortira de cette expérience valorisée par la participation de son propre groupe (identité sociale valorisée) sans aucun sentiment de compétition et d'hostilité vis-à-vis de l'autre groupe.

La recatégorisation

La « *recatégorisation* », quant à elle, suggère de modifier la catégorisation « nous »/ « eux » en créant un seul groupe englobant les deux groupes distincts. Les deux groupes se recatégorisent alors en ne formant plus qu'un seul groupe. Selon cette théorie, la raison pour laquelle la poursuite d'un but commun est efficace est qu'elle conduit à une recatégorisation. Certaines limites sont cependant à signaler : le statut du groupe d'appartenance réel des individus, par exemple, influe de manière importante sur leurs perceptions même s'il est équivalent dans la situation de contacts intergroupes. Les membres d'un groupe minoritaire ou stigmatisé ont tendance à être moins satisfaits de la situation de contact et à la trouver moins productive que les participants provenant d'un groupe majoritaire. Par ailleurs, les membres d'un groupe minoritaire ont tendance à préférer une situation leur permettant de maintenir leur identité au contraire des membres d'un groupe majoritaire qui vont préférer la situation de recatégorisation qui va avoir tendance à les avantager.

Conclusion

Nous inscrivant dans le contexte sociopolitique, de la RD Congo, notre pays, il s'avère que l'hypothèse de contact, bien qu'ayant des failles, pourrait être un point de départ important pour une réconciliation interethnique effective. L'isolement ou la construction de mur de séparation entre peuples d'origines ethniques, culturelles, sociales différents, ne profite en aucun cas au développement du pays. Le réel développement s'opère à travers le contact et l'échange entres des groupes diversifiés dans leur savoir être et dans le savoir faire, bref dans ce que L.S. Senghor appelait, le rendez du donner et du recevoir.

Au regard de la richesse que revêt la théorie de l'hypothèse de contact, en tant que stratégie d'atténuation des conflits interethniques, d'une part, et étant donné les limites qui émaillent sa mise en application à la réalité empirique, d'autre part, l'approche cognitive vient suppléer à ses insuffisances un processus tripolaire de contact et de cohabitation interethnique.

Tout compte fait, notre analyse se conclut en soulignant avec force, que la volonté politique s'avère également un élément capital afin que le contact intergroupe puisse être salutaire à tous les groupes.

Défis et perspectives de la gouvernance des ressources minérales en République Démocratique du Congo

Ferdinand Muhigirwa Rusembuka, sj

La République démocratique du Congo, « un scandale géologique » avec 2.3 millions km2 du territoire national et plus de 1.100 différentes substances minérales[1]. La RDC possède des ressources forestières (avec 145 millions d'hectares, 56% des forêts d'Afrique qui le classe comme la seconde plus grande mondiale après celle de l'Amazonie), énergétiques (barrage d'Inga dont capacité de production d'énergie hydroélectrique est 100.000 MW représentant 15 % de la capacité mondiale), pétrolières (avec une réserve de 180 millions de barils), gazeuses (avec une réserve de 55 milliards de m3 dans le lac Kivu) et minières. Selon Mupepele Monti[2], la RD Congo détient le premier rang mondial avec les ¾ des réserves mondiales du cobalt, la 3ème réserve mondiale de fer (5,83 pour cent), la 2ème réserve mondiale du cuivre, il occupe le premier rang mondial du diamant industriel (80 pour cent), le 3ème rang pour le pyrochlore (ave 6,63 pour de réserve mondiale), 4ème rang pour le cuivre (10,77 pour cent de réserve mondiale), 5ème rang pour le coltan, 7ème rang pour le coltan et 8ème rang pour la cassitérite.

La RDC est scandaleusement pauvre : selon les Indicateurs du Développement Humain (IDH) du Rapport du PNUD de 2012, la RDC est classée au 187ème 187 pays. Le revenu par habitant est de 190 dollars américains, le taux de pauvreté est de 71 pour cent, 14 pour cent des pauvres en Afrique se trouve en RDC, les 2/3 des enfants entre 12 et 14 ne vont plus à l'école ; la moitié de décès des enfants de moins 5 ans est liée à la malnutrition. Un tiers des enfants de moins de 5 ans souffrent de malnutrition. L'espérance

[1] Document de la Banque mondiale, *République Démocratique du Congo. La bonne gouvernance dans le secteur minier comme facteur de croissance*, octobre 2007, p. 20.

[2]Voir Mupepele Monti L. dans son livre récent intitulé *L'industrie minière congolaise. Chiffres et défis*, tome 1, Kinshasa, L'Harmattan, 2012, pp. 290-292.

de vie est de 42 ans. Les infrastructures de base nécessaires au redémarrage du pays doivent être presque entièrement reconstruites. Son poids commercial est presque nul car toute l'Afrique représente environ 2% commerce mondial. Le paradoxe de la coexistence entre le scandale géologique et le scandale de la pauvreté justifie le titre de cet article « défis et perspectives de la gouvernance des ressources minérales en RD Congo ». Pour comprendre les enjeux de la gouvernance des ressources minérales[1] de la RDC, nous allons, *primo*, faire un état des lieux du secteur minier industriel (non artisanal[2]) et de ses retombées; *secundo*, nous dégagerons les perspectives d'avenir et les recommandations susceptibles de contribuer à l'instauration de la bonne gouvernance des ressources minérales en RDC au profit de l'Etat congolais et des populations locales congolaises.

État de lieux :
Principaux minerais exploités par les entreprises en RDC

Les ressources minérales congolaises sont immenses et variées. Les différentes campagnes géologiques ont permis d'identifier plus de 1 100 substances minérales dans le sous-sol congolais.[3].Il s'agit d'un véritable scandale géologique. Et l'inventaire est loin d'être terminé. La carte[4] ci-dessous montre. Le potentiel minier doit être exploité rationnellement, pour sa transformation en des richesses réelles en vue du développement économique et social du pays. Cependant, le secteur minier est confronté aujourd'hui à l'exploitation illégale et le trafic illicite

---

[1]L'article 1er, alinéa 31 du Code Minier congolais défit les ressources minérales comme « l'ensemble d'éléments du sol, constituant un corps naturel, simple ou composé, organique ou inorganique, à l'état solide, liquide ou gazeux ».

[2] Nous n'étudierons l'artisanat minier congolais tout en reconnaissons son importance et son rôle à la fois légal (reconnu par le Code Minier), social (environ 1 millions de creuseurs artisanaux) et économique (pour certaines productions comme l'or et le diamant l'artisanat produit plus que le secteur industriel).

[3] Ministère des mines, Vision du Ministère des Mines pour la période de 2010-2015, Kinshasa, 2010,p.3

[4] GRIP, Groupe de Recherche et d'Information sur la Paix et la sécurité, http://www.grip.org/pub/rapports/rg05-1 rdc.pdf. Voir également IPIS, http : //www.research.be/maps/CaMi/web/index.html.

transfrontalier des minerais, la corruption, la fraude, l'évasion fiscale, les conflits armés et la contrebande minière.

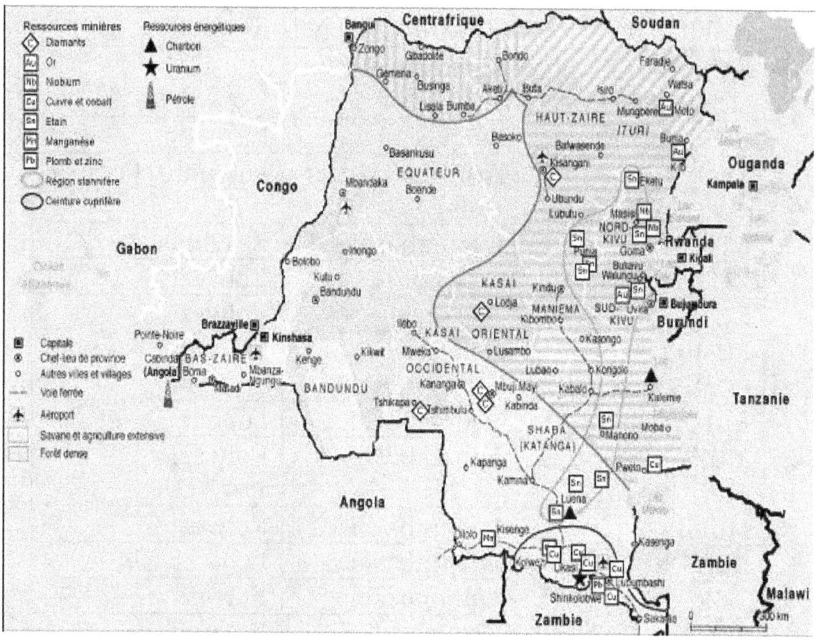

Principales entreprises minières en RDC

Il existe environ 300 entreprises minières en RDC dont une dizaine cotées en bourse. Voici les principales entreprises minières[1] selon le *Rapport des travaux. Commission de revisitation sur les contrats miniers*[2] :

[1]Pour les entreprises minières, nous citons le nom de l'entreprise, suivi du siège et du lieu d'exploitation

[2] Commission de revisitation des contrats miniers, « Rapport des travaux », CEPAS, Kinshasa, tomers I et II. http://www.miningcongo.cd/pdf/tome2.pdf et http://www.miningcongo.cd/pdf/TOME.pdf

Entreprise	Siège	Exploitation
ANVIL MINING	Australia	Kilwa, Katanga
SAKIMA (EX-SOMINKI)	Maniema, RDC	
BOSS MINING	Canada	Kakanda
TFM	Arizona (Etats-Unis)	Lubumbashi
GTL/STL	Lubumbashi	Kasumbalesa
KMT	Canada	Kolwezi
KCC	Suisse	Kolwezi
COMILU / COMIDE	Kolwezi	Kolwezi
KALUMINES	Lubumbashi	Lupoto
MUKONDO MINING Sprl	Lubumbashi	Kolwezi
MUMI	Lubumbashi	Kolwezi
RUASHI MINING	Lubumbashi	Lubumbashi
SMK	Lubumbashi	Kolwezi
SWANMINES Sprl	Kolwezi	Kolwezi
CHABARA	Kolwezi	Kolwezi
CONGO ZINC	Kolwezi	Kolwezi
SMKK	Lubumbashi	Kakanda
BANRO	Bukavu	Twangiza
Cluff Mining Ltd	Lubumbashi	Kisenge
SENGAMINES	Mbuji-Mayi	Mbuji-Mayi
AGK	Londres	Bunia-Ituri
EMK-Mn	Kananga	Kinsenge
MIBA	Mbuji-Mayi	Mbuji-Mayi
OKIMO	Kinshasa	Kilo-moto
SODIMICO	Lubumbashi	Kasumbalesa

Les groupes miniers les plus en vus sont :

- filière cuivre-cobalt : GLENCORE INTERNATIONAL dans KATANGA MINING, fruit de la fusion KCC-DCP à Kolwezi, le consortium TFM où l'on retrouve notamment FREEPORT-McMORAN, ANVIL MINING à Dikulushi, FIRST QUANTUM à Sakania et à Kolwezi, etc.

- Pour la filière aurifère : KIBALI GOLD MINES (RANDGOLD RESOURCES et ANGLOGOLD ASHANTI), MAWANFRICA et KILOGOLD dans la Province Orientale ; BANRO et sa filiale LONCOR ainsi que TRANSAFRICA dans le Kivu-Maniema. Pour le fer : RIO TINTO dans la Province Orientale et la Bauxite : BHP Billiton dans le Bas-Congo.
- Ces entreprises minières proviennent de l'Europe : Belgique, Grande Bretagne, Suisse, Kazakstan, de l'Amérique du Nord : Canada, USA; de l'Asie : Chine; de l'Amérique Latine : Brésil; de l'Afrique : Afrique du Sud.

Tableau, à la page suivante : Potentiel du sous-sol congolais[1]

[1]Voir Mupepele Monti, *Op. cit.*, p. 37.

	Substances minières	Situation actuelle	Localisation
1	Argent	En exploitation partielle	Katanga+Kivu+Maniema+P.Or.
2	Bauxite	En exploration partielle	Bas-Congo
3	Cassitérite	En exploration artisanale	Kivu + Maniema + Katanga
4	Cobalt	En exploitation industrielle	Katanga + Kasaï Occidentale
5	Chrome	Exploration partielle	Kasaï Occidentale
6	(Chromite)	En exploitation artisanale	Kivu + Maniema + Katanga
7	Coltan	En exploitation industrielle	Katanga
8	Cuivre	En exploitation industrielle	Kasaïoc + Kasaï Or + Band + Pr. Or.
9	Diamant	+ artisanale	Prov. Or. + Kasaï Oc + Katanga + Bas-Congo
10	Fer	Exploration partielle	Kasaï Occidentale
11	Nickel	Exploration partielle	P. Or. + Kivu + Maniema
12	Or	Expl. Art + Relance Expl.	Bas - Congo
13	Phosphates	Industrielle	Kivu + Maniema
	(P_2O_5)	Exploration partielle	
	Wolframite	En exploitation artisanale	

Rapports sur le secteur minier de 2005-2009

L'état des lieux de l'exploitation du secteur extractif a fait l'objet de plusieurs études et rapports[1] dont voici les principaux : le rapports des Nations sur l'exploitation illégale des ressources naturelles de 2003, de 2008 à 2012, les rapports Duncan&Allen et le 5 contrat minier de Kalala Budimbwa proposent la révision des contrats pour protéger les intérêts de la RDC ; le rapport Ropes&Gray, le Rapport sur les 12 contrats miniers réalisé par le forum de la société civile congolaise, le rapport Lutundula, la revisitation des contrats miniers et les rapport Mutamba.

a. Rapport Lutundula, juin 2005

Le rapport Lutundula de juin 2005 est le fruit du travail d'une "Commission Spéciale « chargée de l'examen de la validité des conventions à caractère économique et financier conclues pendant les guerres de 1996-1997 et de 1998. Une des conclusions de ce rapport affirme que "la plupart des contrats de partenariat sont défavorables aux entreprises publiques concernées. Celles-ci sont minoritaires dans le capital social des sociétés issues de ces accords de partenariat principalement du fait que les apports en nature qu'elles ont fait sous forme de gisements, de concessions minières, d'infrastructures industrielles et du patrimoine immobilier n'ont été ni évalués, ni pris en compte." (Rapport Lutundula, p. 91). La commission Lutundula recommandait de « suspendre, par l'Assemblée nationale, toute aliénation des ressources naturelles par de conventions, contrats ou actes de gestion ». Elle exigeait la renégociation de nombreux accords de partenariats ou leur résiliation.

b. Rapport de la commission de la révisitation des contrats miniers

L'arrêté ministériel du 20 avril 2007 a créé la commission ministérielle chargée de la révisitation des contrats des contrats. L'article 2 précise le double objectif de la dite commission : *primo,*

---

[1]À cause de leur importance et pertinence, je commenterai brièvement les rapports Lutundula, celui de la révisitationn des contrats miniers et celui de Mutamba. Il faut aussi signaler les

examiner les contrats de partenariat visés à l'article premier ci-dessus et leur impact sur le redressement desdits entreprises et le développement national ; *secundo*, proposer des modalités de leur révision en vue de corriger ainsi les déséquilibres constatés et les vices y attachés.

Le tableau montre la synthèse du travail de la Commission : Aucun contrat ne se trouve dans la catégorie A, 40 contrats à renégocier dans la catégorie B, 22 contrats à résilier dans la catégorie.

Nom de l'Entreprise Publique	Nbre de partenariats	Catégorie B	Catégorie C
EMK-Mn	2	1	1
MIBA	6	6	0
OKIMO	9	6	3
SAKIMA	6	1	5
SODIMCO	6	1	5
Gécamines	29	23	6
Etat	4	2	2
Totaux	62	40	22
Pourcentage		64,52%	35,48%

Après la phase de revisitation a suivi celle de la renégociation des contrats miniers. A la fin de cette phase de renégociation, 45 contrats miniers ont été approuvés et 17 résiliés. Selon le Ministre des Mines, « des améliorations ont été obtenues notamment la révision à la hausse du capital social, des parts ou actions sociales des entreprises du Portefeuille, l'extension des royalties et de pas de porte à tous les partenariats, la participation effective des entreprises du Portefeuille dans la gestion courante des partenariats, l'engagement des partenaires à réaliser les actions sociales d'intérêt communautaire pour les populations affectées par le projet minier ...Un montant cumulé provenant des entreprises est de 307.283.040 Usd a été dégagé de ce processus au titre de pas de porte provenant des entreprises EMK-Mn, Gecamines, Okimo, Sakima et Sodimico[1] ».

[1]Ministère des Mines, Rapport final du processus de Revisitation et de Rénegociation des contrats miniers, de novembre 2011, inédit, p. 114.

c. Rapport Mutamba

Le rapport Mutamba est un rapport d'une commission du Sénat de septembre 2009. Après avoir examiné la gestion de l'exploitation minière de la RDC, nous retenons de ce rapport les recommandations spécifique suivantes relatives à la bonne gouvernance du secteur minier :

1. L'amélioration des statistiques en vue de garantir la traçabilité de la production minière et le rapatriement des devises, de maximiser les recettes du Trésor public et d'accroître la contribution du secteur au budget de l'Etat. Il y a lieu de créer un système intégré de gestion informatique du secteur.
2. La mise sur pied d'un audit international pour évaluer: la gestion des titres miniers ; le fonctionnement des services de l'administration minière, des régies financières et de tous les autres services intervenant dans le secteur ; * les mécanismes de facturation, de perception et de redistribution des quotes-parts revenant aux services impliqués dans la mobilisation des ressources.
3. Le renforcement des capacités du personnel de l'Etat oeuvrant au sein de l'administration minière, des régies financières et de tous les autres services intervenant dans le contrôle, l'évaluation et l'exportation des produits miniers. Promines
4. La certification selon les normes régionales et internationales des produits marchands sortant du pays.

d. Initiative de Transparence pour les Industries Extractives (ITIE)

La RDC a adhéré à l'initiative en 2005 en qualité de « pays candidat ». En mars 2010, la RDC publie le premier rapport ITIE, afférent à l'exercice 2007 et obtient le statut de « pays proche de la conformité ». En 2011, le pays publie le deuxième rapport pour 2008 et 2009 qui sera invalidé. Cette situation pousse le pays le Gouvernement à évaluer le processus de mise en œuvre de l'ITIE dans le pays. On procède à la réorganisation des structures et à l'élaboration d'un plan d'action. L'ITIE international demande à la RDC de publier dans les dix huit mois un nouveau rapport (du 01 septembre 2011 au 31 décembre 2012). L'histoire de la mise en œuvre de l'ITIE en RDC reflète les récents événements politiques qu'a connus le pays. La RDC s'est engagée à suivre le processus de l'ITIE depuis 2005. Le cadre juridique était défini, et l'ensemble des parties prenantes congolaises (gouvernement, industrie, société civile) menait un dialogue constructif.

Les enjeux de la validation de la RDC à) l'ITIE sont importants car en cas d'invalidation, le pays sera exclu du processus. Le rapport 2010 a été déposé le 15 janvier 2013. En effet, le validateur n'a été recruté qu'en décembre 2012. C'est le 1er mars 2013 qu'ITIE International statuera sur la RDC et à cause de la qualité du rapport produit, on espère que la RDC sera validité comme « pays conforme ».L'objectif de l'ITIE est de permettre à la population locale, via la transparence et la publication des revenus de l'État tirés du secteur extractif, d'exiger de son gouvernement élu démocratiquement qu'il améliore ses conditions de vie grâce à ces sources de revenu[1]

Le rapport ITIE 2010 portait sur 60 entreprises, dont 49 entreprises minières et 11 entreprises pétrolières. Dans ce rapport, il a été fait mention des versements reçus par l'Etat sur le contrat Chinois (société SICOMINES) ce qui constitue une avancée, surtout par rapport aux demandes plusieurs fois réitérés par la société civile. Les écarts existent toujours, mais par rapport au rapport précédent, ils sont sensiblement réduits.

Les recommandations spécifiques de l'ITIE au Gouvernement, au comité national ITIE et aux régies financières sont les suivantes :une meilleure définition du seuil de matérialité afin de permettre aux entreprises et régies financières de s'accorder sur les flux à déclarer et d'élargir ainsi le périmètre, l'utilisation exclusif du Nouvel Identifiant Fiscal (NIF) pour l'identification des entreprises du périmètre et le suivi des transactions dans le secteur extractif et les différents rapports avec l'administration publique, une plus grande régularité des rapports afin de réduire le décalage entre l'année de publication

[1] K. Lempa, « La transparence de la gestion des revenus des industries minières, forestières et pétrolières en République démocratique du Congo », in *Les porteurs du développement durable en RD Congo, évolutions récentes de la vie politique, économique, religieuse, culturelle et de la société civile*, Kinshasa, Éditions CEPAS, 2010, p. 234.

du rapport et l'année des données contenues dans le rapport, ainsi que l'automatisation du système de collecte des données, notamment à la DGRAD qui recours encore à la saisie manuelle.[1]

Le comité exécutif est invité en outre à redoubler d'efforts pour obtenir le maximum des données concernant les sommes perçus et leur utilisation dans le projet mines- infrastructures (Contrat chinois), veiller à capter tous les paiements significatifs de manière exhaustive en retraçant chaque entreprise du périmètre. Les régies financières sont invitées à accompagner leurs déclarations des preuves d'encaissements de la Banque Centrale du Congo, à séparer les déclarations de recettes au trésor public de celles de services rendus et des pénalités qui leur reviennent, et à prendre en compte les taxes provinciales. Enfin, toutes les parties prenantes sont appelées à travailler à la réduction des écarts en mettant un accent sur la définition des différents flux financiers, la formation des personnes qui travailleront à la récolte des données, de remplissage de formulaires et la sensibilisation des responsables afin qu'ils accordent une attention soutenue aux analyse des écarts[2].

Perspectives du secteur minier

a. Position des réserves de la RD Congo dans le monde minier

La valeur à fin 2011 du sous-sol congolais est de 3,7 mille milliards $US arrondis à 4 mille milliards $US[3] repose sur une évaluation basée sur des ressources physiques, réelles, documentaires, vérifiables contrairement aux 24 mille milliards dont Valéry NOURY et le Potentiel[4] voudrait créditer le sous-sol congolais. Un certain D. Beylard a diffusé sur son site internet un document créditant le sous-sol africain d'une valeur de 46,2 mille milliards $US[5].

---

[1] RAPPORT ITIE -RDC 2010, p. 65

[2] Idem, page 66

[3] La position des réserves et celle de la production de la RDC dans le monde entier est une synthèse des pages 285 à297 du livre de Mupepele Monti, *L'industrie minérale congolaise*, Kinshasa, L'Harmattan, 2012.

[4]« Mines : La RDC pèse 24.000 milliards USD », in *Le Potentiel* du 17/09/2010, Kinshasa, 2010.

[5]La RDC possèderait la moitié de cette valeur su sous- sol du continent africain.

Le tableau 42 établit une comparaison entre les réserves de la RD Congo à fin 2011 et les prévisions des réserves 2020. A la lumière de ce tableau, On observe que le Congo détient les ¾ des ressources mondiales de cobalt, ce qui fait de lui une puissance minière incontestable de cette ressource. On espère qu'avec les grandes sociétés minières comme TFM, KATANGA MINING, BOSS MINING, GLENCORE, ENRC, la RD Congo devrait, à l'horizon 2020, conserver sa position de première puissance cobaltifère du monde.

Pour ce qui est du fer, les estimations actuelles effectuées en 2011 par RIO TINTO sur le Mont Asonga au Sud d'Isiro, dans la Province Orientale[1] font de la RD Congo la 2ème réserve au monde, avec 5,83%de la réserve mondiale, juste après le Brésil, 6%. Avec 68 millions de tonnes de réserve de cuivre, soit 10. 77 % de la réserve mondiale, la RD Congo occupe actuellement le 4ème rang des pays détenteurs de cuivre. Mais elle a encore d'énormes potentialités cuprifères dans le Copperbelt ainsi que dans l'Est du Katanga. Les activités des entreprises qui y œuvrent actuellement sont en plein essor. Comme pour le cobalt, des réserves additionnelles de cuivre sont donc attendues. A l'horizon 2020, la RD Congo devrait davantage consolider sa position en se hissant au 3ème, voire au 2ème rang des puissances cuprifères mondiales, juste après Chili.

La filière aurifère congolaise est celle qui, dans le domaine de l'exploration, a accusé les meilleures avancées sur les cinq dernières années. Les travaux d'exploration de KIBALI GOLD MINING, BANRO, KILO-GOLD et MWANA AFRICA ont remis la RD Congo dans l'orbite des puissances aurifères mondiales en la propulsant actuellement au 7ème rang avec 2.7 % de la réserve mondiale. Ces sociétés dont certaines sont actuellement en phase de production, en poursuivant leurs activités de recherche, devraient conduire RD Congo à l'horizon 2020 à être parmi les 5 premières puissances aurifères mondiales.

Le tableau ci-contre donne à voir la position de la RD Congo dans les réserves minières mondiales.

---

[1]*Encouraging drill results for Kilo/Rio Tinto DRC Iron Ore JV*, marketwatch.com, January 26, 2012.

Substance	Productions 2011 en tonnes	Productions 2020 Projections en tonnes	Productions mondiales	Part mondiale		Rang mondial		Observ.
				2011	2020	2011	2020	
Cassitérite	327 955	350 000	11 497 955	2,85	3,04	8ème	7ème	
Cobalt	6 735 000	7 000 000	14 626 000	46,05	47,86	1er	1er	
Coltan	8 880	12 000	131 800	6,74	9,10	5ème	3ème	
Cuivre	67 873 000	70 000 000	630 000 000	10,77	11,11	4ème	3ème	
Diamant	140 000 000	150 000 000	1 247 000 000	11,23	12,03	1er	1er	
(carats)	19 115 841		328 000 000 000	5,83	0,00	2ème	2ème	Afrique
Fer	8 634 661		5 000 000 000	0,17	0,00	9ème		Afrique
Manganèse	1 349	1 600	50 000	2,70	3,20	7ème	5ème	
Or	291 600	400 000	4 400 000	6,63	9,09	3ème		
Pyrocholore	180 000 000	50 000 000	272 080 000 000	0,07	18,38	15ème	2ème	
Pétrole	55 991 100	000	187 490 000 000	0,03	0,18	14ème	5ème	
barils/jour	720 000 000	335 991 100	820 000 000 000	0,09	0,18	2ème	2ème	
Méthane		000						
Charbon		1 500 000 000						

a. Position de la RD Congo dans les productions minières mondiales

Selon le Premier Ministre de la RDC, lors de la Conférence sur la bonne gouvernance et la transparence du secteur miner de la RDC, le 30 janvier 2013, « la relance de la production minière par les entreprises existantes ou à installer en vue de soutenir la croissance[1] et l'emploi sera l'objectif principal du programme. A ce sujet, les objectifs cibles par des produits miniers se présentent de la manière suivante. D'après le Discours du Premier Ministre2, « Si la contribution du secteur minier au budget de l'Etat en 2010 a été de 9%, représentant 50% des recettes d'exportation et 12% du PIB, sa participation à la croissance et au budget de l'Etat reste encore faible au regard du potentiel qu'il représente.

Nos ambitions sont plus importantes conformément au programme du Gouvernement 2012-2016 qui se fixe notamment pour objectif de porter la contribution du secteur minier au budget de l'Etat de 9 % en 2010 à 25 % en 2016 et la contribution au PIB de 12 % à 20 % en 2016 ...je dois mentionner les mesures réglementaires qui viennent d'être prises et qui visent une meilleure gouvernance dans la gestion du portefeuille minier de l'Etat. Il s'agit notamment du décret n°13/002 du 15 janvier 2013 portant organisation de la représentation de l'Etat actionnaire unique au sein de l'Assemblée générale de l'entreprise publique transformée en société commerciale, et du décret n°13/003 de la même date relatif aux conditions et modalités de cession des parts sociales ou actions de l'Etat aux personnes physiques ou morales de nationalité congolaise et/ou aux salariés ... gestion efficiente, comptable et redistributive de ce patrimoine commun à tous »

En effet, la production du cuivre est passée de 10 mille tonnes en 2003 à environ 600 mille tonnes en 2012 tandis que celle de cobalt est passée de 4 mille tonnes en 2003 à plus de 100

---

[1]Les objectifs cibles par produits miniers se présente de la manière suivante : Cuivre : 500.000 T en 2011 à 1.500.000 T d'ici fin 2015 ; Cobalt : 120.000 T en 2011 à 180.000 T en 2015 ; Zinc : 19.000 T en 2010 à 60.000 T en 2015, Or : 5.000 Kg en 2011 à 12.000 Kg en 2015, Diamant : 22 millions à 27 millions de carat en 2015 ; Coltan : 500 T par an entre 2012-2016, Wolframite : 1200 T par an entre 2012-2016, Cassitérite : 10.000 T par an entre 2012-2016.

[2] Cette citation s'inspire du discours du premier ministre sur la gouvernance et transparence dans la gestion du secteur minier, Lubumbashi, le 30 Janvier 2013.

mille tonnes en 2012. À l'examen du tableau 43, l'industrialisation minière actuelle permet au Congo de retrouver graduellement une position de leader comme une des grandes puissances minières dans monde. À plus de 90% de la production mondiale de cobalt, il est déjà de loin, le premier producteur mondial de ce métal. Les extensions industrielles en cours à TFM, KATANGA MINING, BOSS MINING, etc., vont davantage consolider la production de cobalt qui devrait se stabiliser autour de 180 000 tonnes dès 2015. La production de cuivre dont le cobalt est l'élément associé, est aussi en pleine croissance avec 522.000 t/cuen 2011 et 600.000 t/cu. Il devrait néanmoins atteindre le seuil de 2 millions de tonnes en 2020, accédant ainsi au 2ème rang mondial, derrière le Chili : 38 % de la production mondiale.

Dans la filière aurifère, la reprise et les perspectives de la production industrielle en cours avec Anglo Gold Ashanti, Kibali Gold, MwanAfrica et Banro devraient permettre à la RDC d'atteindre le seuil de 30 tonnes d'or par an à l'horizon 2020 et accéder ainsi au 10ème rang des producteurs mondiaux d'or.

Position de la RD Congo dans les productions minières mondiales : voir tableau page suivante.

Substance	Productions 2011 en tonnes	Productions 2020 Projections en tonnes	Productions mondiales	Part mondiale		Rang mondial		Observ.
				2011	2020	2011	2020	
Cassitérite	8 943	22 000	253 000	3.53	8.70		4ème	
Cobalt	126 016	140 000	98 000	128.59	142.86	1er	1er	
Coltan	450	12 000	790	56.96	1518.99			
Cuivre	522 133	2 000 000	16 100 000	3.24	12.42	9ème	2ème	
Diamant	18 719 000	30 000 000	128 318 000	14.59	23.38	3ème	2ème	
(carats)	0	420 000	14 000 000	0.00	3.00	9ème		
Manganèse	0.36	30	2 700	0.01	1.11		10ème	
Or	0	5 000	63 000	0.01	7.94	3ème		
Pyrocholore	53	100	72 100	0.07	0.14			Afrique
Wolframite	19 035	160 000	11 680 000	0.16	1.37		10ème	Afrique
Zinc	25 000	350 000	10 204 700	0.24	3.43	16ème	6ème	Afrique
Pétrole	0	0	94 000 000	0.00	0.00	14ème	5ème	
barils/jour	128 000	200 000	278 471 000 000	0.00	0.00	2ème	2ème	
Méthane	820 000	10 000 000	130 000 000	0.63	7.69			
Charbon								
Ciment								

Recommandations

La bonne gouvernance du secteur minier permettrait d'accroître les recettes de l'Etat et de réduire la pauvreté en mettant en application l'article 58 de la Constitution du 18 février 2006 de la RDC qui stipule que « tous les Congolais ont le droit de jouir des richesses nationales. L'Etat a le devoir de les redistribuer équitablement et de garantir le droit au développement ».Pour accélérer la transformation optimale du capital naturel minier en capital humain et productif. A la lumière de ce qui précède, nous proposons les recommandations suivantes de la matrice de gouvernance économique :

1. Renforcer la responsabilisation et la transparence dans la gestion des contrats de concession dans les mines, le pétrole et la foresterie
2. Rendre public tous les contrats entre les entreprises publiques et les partenaires privés dans les 60 jours suivant leur approbation, conformément au décret n. 011/26 du 20 mai 2011, publié au *Journal Officiel* n° 12 du 15 juin 2011, qui consacre l'obligation de publier tous les contrats signés dans le secteur extractif, Mener une évaluation satisfaisante du contrat du projet du contrat-type, dans le secteur minier.
3. Veiller à ce que la cession des actifs des entreprises publiques et la gestion des titres miniers soient faites en conformité avec les meilleures pratiques internationales.
4. Formaliser une plateforme de suivi et de dialogue participatif, à l'instar de l'ITIE, comprenant les partie prenantes (Gouvernement, entreprises publique et privées et Société Civile) concernant la politique minière et la mise en œuvre, ainsi que la gestion du secteur des ressources naturelles.
5. Finaliser la révision du code minier de juillet 2002 en l'adaptant à la fiscalité pour permettre tant à l'Etat, aux investisseurs qu'à la population de tirer meilleur parti de l'exploitation minière.

6. Inciter les entreprises à transformer localement les produits miniers avant leur exportation, d'engager une lutte sans merci contre la fraude et la corruption ;
7. Pour une connaissance améliorée des ressources du sous-sol, mettre en place un service géologique national doté d'un budget autonome dont l'objectif principal sera la localisation et de la certification de nos réserves. De cette manière, notre capacité de négociation en vue de la valorisation de nos ressources et de leur utilisation comme levier dans la mobilisation des fonds sur les marchés financiers sera améliorée.» (Discours des Premier Ministre le 31 janvier 2013).
8. mettre en œuvre le protocole de la SADC relatif aux ressources naturelles, les principes de l'OCDE, les normes et les mécanismes de l'ITIE en favorisant la traçabilité et la certification de certains minerais (cuivre, cobalt, l'or, coltan et cassitérite) à la manière du processus du Kimberley pour le diamant.
9. Pleinement mettre en œuvre la résolution 1856 (2008) à du Conseil de Sécurité des Nations Unies qui engage « tous les Etats, en particulier, ceux de la Région, à prendre des mesures voulues pour mettre fin au commerce illicite des ressources naturelles, y compris, si nécessaire par des moyens judiciaires » et rendre compte au Conseil des sécurité des nations unies des mesures ainsi prises.
10. Mettre en application les six instruments de la CIRGL à savoir, (1) le mécanisme de certification régional, (2) l'harmonisation des législations nationales, (3) Système de base des données de la CIRGL, (4) la formalisation du secteur minier artisanal, (5) la promotion de l'Initiative de Transparence dans l'Industrie Extractive et (6) le mécanisme d'alerte précoce, (6) Le guide de l'OCDE sur le devoir de diligence raisonnable,

Conclusion

La Conférence de Lubumbashi du 30-31 janvier 2013 s'est fixé un double objectif : a. faire un état des lieux du niveau d'exécution des mesures et des actions initiées par le

Gouvernement dans l'instauration de la bonne gouvernance et de la transparence dans le secteur minier de la RDC; b. proposer des recommandations pertinentes pour améliorer davantage le climat des affaires et d'investissement dans le secteur minier. Ce double objectif restera lettre morte sans une vision partagée du développement global de la RDC, sans une volonté politique effective, sans l'instauration d'un Etat de droit et une culture démocratique, sans des stratégies et des mesures conséquentes et sans une sécurité et une stabilité politique. En d'autres termes, selon Thomas R.Yager, de l'US Géological Survey : « On s'attend à ce que la production de cobalt augmente considérablement dans un proche avenir ... le développement de ces projets (miniers) dépend fondamentalement de stabilité politique et économique ainsi que des conditions favorables des marchés mondiaux.

Les perspectives de développement pour l'or, le niobium, le tantale, l'étain et le tungstène dépendent particulièrement de la stabilité politique dans l'Est du Congo, mise à mal par les tensions communautaires persistantes, et aussi de l'opinion internationale par rapport aux inquiétudes exprimées sur le financement des conflits par les minerais. »[1]

La bonne gouvernance des ressources minérales en RDC exige aujourd'hui que les prises de décisions bien réfléchies, que des mécanismes de concertation et de dialogue soient respectés, que la volonté politique soit effective pour rassurer les investisseurs et les populations, que les centres de décisions soient décentralisées, que les différentes parties prenantes jouent leur rôle dans le sens de l'intérêt collectif et au bénéfice de toutes les parties. Nous sommes convaincus que « la bonne gouvernance des ressources minières est un des facteurs principaux pour promouvoir la paix, réduire la pauvreté, lutter contre la corruption et l'impunité »[2].

---

[1] Th. R. Yager, *2008 Minerals Yearbook*, Congo-Kinshasa, US, Department of the interior U.S. Geological Survey, September 2010, p. 11.5.

[2] F. Muhigirwa Rusembuka, *Introduction. Bonne Gouvernance des Ressources Naturelles. Vade-Mecum de la responsabilité sociale des entreprises*, Kinshasa, Cepas, 2010, p. 9.

Planification régionale, gouvernance financière et gestion des compromis en République démocratique du Congo

Gaspard Muheme Bagalwa

D'un point de vue global, deux conceptions de la régionalisation du plan se heurtent: *aménagement du territoire* sous approche centralisée et *planification régionale* sous approche décentralisée. La décentralisation territoriale nous disent les spécialistes n'est ni réservée exclusivement à un État unitaire, ni incompatible avec un État fédéral. Elle est tout simplement un système d'organisation institutionnelle d'un État moderne qui peut être utilisée selon la Constitution de la RDC, à condition que la technique de la décentralisation territoriale ne puisse être utilisée dans un État fédéral qu'au niveau des subdivisions des États fédérés, en l'occurrence des provinces ou des entités administratives de base.

L'ouverture croissante des économies sur les échanges extérieurs et les incertitudes économiques résultant de la période de crise ouverte en 1973, la controverse autour du rôle de l'État ont rendu problématique la planification. Avec la globalisation, ce qui est établi par les pouvoirs publics avant toute forme qualificative du concept en retient la définition suivante : « processus mis en œuvre par des agents économiques consistant à fixer, pour un horizon de moyen terme (compris en général entre trois et dix ans), des grandeurs économiques en termes de production, d'investissement… et des mutations qualitatives associées à l'évolution de ces grandeurs. Toute planification correspond à un dosage particulier de deux séries d'éléments : d'une part, des prévisions de l'évolution plus ou moins spontanée des grandeurs économiques et d'autre part, des objectifs plus ou moins contraignants fixés aux agents et à leur environnement » (*Dictionnaire d'économie et des sciences sociales,* 2011, p.366-367).

Comme outil de gestion décentralisée, la planification dans le système économique et sous une approche intégrée des villes devient de la planification régionale et urbaine. Les objectifs majeurs deviennent ceux d'établir l'équilibre régional passant par l'emploi, et le découpage régional envisageant une certaine solidarité financière et économique localisée.

Appuyée par les finances de l'État, la liste des opérations à réaliser dans les régions c'est-à-dire les provinces du pays s'articule autour de la rétrocession et la péréquation financières dans la décentralisation provinciale et une structure fédérative ou unitaire de l'État. La gestion des compromis, en fait la gestion des Actifs patrimoniaux et le calcul des Passifs, sera l'enfant légitime de l'anticipation sur les intentions politiques, économiques et sociales de la décentralisation. Et puisque l'arbre de la décentralisation cache la forêt de la distribution de l'autorité et du pouvoir[1] par leurs honneurs et leurs revenus, nous allons expliquer l'organisation régionale ou provinciale de la gestion locale des affaires publiques en basant la planification indicative, dans ce cas-ci, sur la régionalisation du plan, les finances publiques dans la gouvernance financière, et la gestion des compromis entre centralisation et décentralisation.

Ainsi ce texte situe : le contexte de la planification régionale, la gouvernance financière, et la gestion des compromis autour des actifs et des passifs patrimoniaux de la République Démocratique du Congo.

Le contexte mondial de la planification régionale

Un de nombreux paradoxes du développement local est que les acteurs, les agents du développement local, ont au début fait leur slogan des alternatifs et des écologistes: «penser global pour agir localement». La vérité du prétendu «glocalisme»[2] s'avère une mise en concurrence des territoires. Ceux-ci sont invités à offrir à des conditions toujours plus favorables aux entreprises

---

[1] P. Durand et J.-Cl. Thoenig, « L'État et la gestion publique territoriale », in *Revue française de Science politique,* vol. 46, n°4, août 1996, pp. 593.

[2] *Glocalisme,* en fait *glocalisation* est un terme utilisé par R. Robertson, cité par Z. Bauman, pour rendre le lien indestructible qui unit les pressions mondiales et locales, un lien qui disparaît dans le concept unilatéral de mondialisation et comprendre par là le processus de concentration du capital, de la finance et des autres sources de décision et d'action, mais aussi le processus de concentration de liberté de se déplacer et d'agir. Retenir que la mondialisation a donné aux très riches plus de possibilités de s'enrichir.

transnationales des avantages fiscaux, la flexibilité du travail et la réglementation (ou plutôt la déréglementation) environnementale[1]. C'est le jeu du mieux-disant fiscal, social et environnemental et du mieux-disant économique en termes de subventions. Les initiatives locales, la créativité locale sont récupérées dans la logique de l'économie et du développement[2].

S'agissant de la régionalisation du plan intégrant les territoires, la question devient celle d'intégration régionale. Celle-ci, dans le contexte de la mondialisation, est devenue un processus par lequel s'accroissent la régularité et l'intensité des interactions entre les États et les sociétés, permettant de constituer une communauté de sécurité, une interdépendance économique accrue, une identité partagée favorisant dans une aire géographique particulière le développement d'actions collectives institutionnalisées. L'intégration régionale, partant de 1945, constitue par conséquent, un aspect significatif des réalités internationales alors que l'économie régionale l'inscrit dans un cadre local d'un pays. Intégration et parcellisation, mondialisation et territorialisation sont des processus complémentaires ou, pour plus de précision, ce sont les deux faces du même processus : celui de la distribution de la souveraineté, du pouvoir, de la liberté d'agir, redistribution déclenchée (et non provoquée) par les technologies de la vitesse. La corrélation et l'entrelacement de la synthèse et de la dissipation, de l'intégration et de la décomposition sont tout, alors, sauf des produits du hasard, donc, encore moins susceptibles d'être rectifiés.

La corrélation et l'entrelacement des deux tendances en apparence opposées, c'est-à-dire la centralisation et la décentralisation, sont toutes deux déclenchées ou entraînées par la nouvelle liberté de mouvement, facteur des divisions et des inégalités conduisant à une redistribution des privilèges et des désavantages, de la richesse et de la pauvreté, de la liberté et de la contrainte, des droits et des devoirs du citoyen. Z. Bauman[3] l'exprime en termes de processus de stratification à l'échelle du globe mettant en place une nouvelle hiérarchie socioculturelle, une nouvelle échelle de répartition mondiale. Les quasi-

---

[1] A. Babeau, *Richesse du monde*, Paris, Économica, 2009, p. 17.
[2] S. Latouche, *Survivre au développement*, Paris, Fayard, 2004, p. 50.
[3] Z. Bauman, *Les conséquences de la mondialisation*, 1999, pp. 107-110.

souverainetés, les divisions territoriales et les ségrégations identitaires vantées par la mondialisation des marchés et de l'information comme le *nec plus ultra* ne correspondent pas à la diversité de partenaires égaux. Au niveau mondial, partie du constat que la redistribution actuelle des ressources mondiales montre comment environ 80% de la population mondiale ne possède que 22 % de la richesse totale. La part du revenu mondial allouée aux pauvres en 1991 indiquait déjà comment 85 % de la population mondiale recevaient seulement 15 % des revenus mondiaux. Il y a trente ans, déjà, 2,3 % de la richesse mondiale est possédée par 20 % des pays les plus pauvres de la planète. Aujourd'hui ce chiffre est descendu pour atteindre 1,4 %.

Par contre les 100 plus grandes fortunes mondiales ont vu leurs avoirs progresser de 241 milliards € en 2012 [*Billionnaires Index de* l'Agence Bloomberg]. Bref, le paradoxe de la mondialisation est qu'elle est avantageuse pour un très petit nombre de gens, et laisse de côté ou marginalise les 2/3 de la population mondiale. La régionalisation du plan en termes de centralisation (par l'aménagement du territoire) et de décentralisation (par la planification régionale) s'appuie sur des programmes d'investissements publics: par exemple le nombre d'écoles à construire sur le territoire national sur 5 ans, les tronçons de routes à réparer ou à initier, les voies rurales, les universités, les centres hospitaliers. Bref, établir en termes de projets de développement ou d'initiatives locales, les activités de Transport, de Santé et d'Éducation qui appellent des bassins d'emploi dans une ville, dans un secteur, dans une chefferie, dans un territoire. Sachant qu'il y a 12 ans les disparités régionales en matière de santé,[selon le PNUD, RDC, 2000] nous situent que la population privée de soins de santé en RDC se chiffre dans huit provinces de la manière suivante :

Kinshasa 48 %
Nord Kivu 52,6 %
Bas-Congo 58 %
Sud Kivu 61,1 %
Maniema 63 %
Bandundu 64,6 %
Kasaï oriental 68,5 %
Kasaï occidental 73,9%

Puis, 61 % de la population congolaise se trouverait en insécurité alimentaire, la moyenne de l'Afrique subsaharienne étant de 34 %. Concernant l'éducation, l'effort à fournir est réel, quand on sait que nos grandes universités accueillent près de 25 000 étudiants pour une capacité de 5000 places. Plus de 50 % des nos étudiants à l'université ou dans les instituts supérieurs (graduat et licence) sont âgés de 25 à 28 ans.

La gouvernance financière: défis et fonctionnement des dépenses publiques

Les finances publiques font partie des trois grands défis de Gouvernance financière :
a) Le défi de l'autonomie budgétaire comme dans le cas de l'Union européenne, qui a fait naître l'instauration de l'euro en 1999 comme monnaie unique, la politique monétaire confiée à la Banque Centrale européenne et l'existence des règles de gouvernance et de discipline budgétaire européenne;
b) le défi de la soutenabilité étant donné le niveau de l'endettement public.
c) le défi de la transparence qui exige des finances publiques d'être mieux gérées par l'administration et d'être facilement compréhensibles par les citoyens.

Les finances publiques permettent d'étudier les ressources et les charges, les budgets et les comptes des collectivités publiques. L'État n'a cessé de rechercher les moyens de financer son action en levant l'impôt et en prévoyant ses dépenses. Le XXe siècle voit la montée des dépenses et la dette, le budget devenant un instrument de politique économique. Grevées par le poids de la dette, les finances publiques des États sont en pleine mutation en ce début du XXIe siècle. Alors débute ces trois grands défis de gouvernance financière à travers des enjeux politiques, économiques, sociaux, juridiques et managériaux.

En effet, le pilotage des finances publiques s'appuie sur la gouvernance par la pluralité budgétaire, la gouvernance de l'équilibre budgétaire, la gouvernance par la norme, les normes de l'État et ses administrations et sur les principes budgétaires, les principes de gestion financière et les principes de fiscalité.

L'organisation des finances publiques s'appuie sur la structure des budgets, la préparation des budgets, la procédure de discussion, la transparence du budget et celle des comptes. La mesure de la performance, le financement de l'exécution, le contrôle interne et externe concernent l'évaluation des finances publiques pour expliquer la perception des impôts et leurs dépenses.

Le « Faites-moi de bonne politique et je vous ferai de bonnes finances», avancé par le Baron Louis, alors ministre des finances de 1830, doit nous servir de cadre de référence au sens d'un État responsable incarnant l'exemplarité de l'homme le plus honnête. Toujours lui, Louis dira « l'État doit être l'homme le plus honnête du pays ». De bonne politique c'est l'art de faire circuler l'argent tout en le gardant pour le dépenser[1]

La classification du fonctionnement des dépenses publiques dans l'analyse économique propose trois grands types de fonctions pour ces dépenses à savoir l'investissement, le fonctionnement administratif et les transferts sociaux. La comptabilité publique reprend ces trois fonctions en les adaptant aux spécificités de l'action publique concernant les dépenses de l'État des activités territoriales et des entreprises publiques. L'affectation, la distribution et la stabilisation économique synthétisée en trois fonctions du budget par Richard Musgrave en découle. Dépenser, d'abord, pour acquérir ou fabriquer des biens durables, faire des investissements civils ou des investissements militaires (véhicules et casernes des armées) servant à la sécurité extérieure de l'État, les investissements de forme d'immeubles (écoles et hôpitaux), des équipements meubles c'est-à-dire l'informatique, des subventions d'investissement, des investissements en capital, spécialement quand les personnes publiques prennent des participations financières dans des entreprises. Bref, investir dans des opérations économiquement créatrices de richesses pour mieux pratiquer la fiscalité au lieu de choisir l'acharnement fiscale sur des personnes publiques n'ayant rien produit ou n'ayant rien à produire. Dépenser, ensuite, pour des biens non durables notamment les dépenses du personnel, les dépenses de fonctionnement hors personnel, l'électricité, les fournitures de bureau, le fonctionnement des administrations, les

---

[1] P. Dac, Extrait du *L'Os à moelle*, septembre 1938.

salaires de non-fonctionnaires et les charges sociales. Dépenser, enfin, pour ce qui n'est pas consommé par les personnes publiques dont cela émane; le transfert d'un budget public vers un autre budget public ou vers une personne privée. Ces dépenses de transfert concernent le secteur social mais aussi les aides économiques ou l'aménagement du territoire ou encore la planification régionale.

En définitive, pour faire une analyse économique des finances publiques, on utilise en général deux ratios: celui du déficit public rapporté au PIB (produit intérieur brut); celui de la dette publique rapportée au PIB car la situation financière d'un État dépend de ses ressources et donc des impôts, dont le montant dépend de la richesse du pays. Le plafond des dépenses pour l'État est fonction de ses ressources et donc du PIB qui les alimente. Or, l'État a des besoins illimités face à des moyens limités pour satisfaire ces besoins. C'est alors qu'il recourt à l'endettement pour financer son économie.

L'accroissement et le redressement des dépenses publiques

L'évolution du poids des dépenses publiques depuis la loi de Wagner résulte des choix opposant une théorie de l'affrontement social et politique entre les contribuables et les bureaucrates. L'État a le devoir de s'occuper de ses citoyens nécessiteux ou non. Pour Adolf Wagner [1835-1917], qui a étudié les dépense publiques et leurs fluctuations, les dépenses publiques des États croissent plus vite que leurs revenus nationaux; elles sont redistribuées afin de créer elles-mêmes des richesses. Le contribuable qui paie un État protecteur va finir par rechigner, d'autant que cet État protecteur lui sera de plus en plus présenté par une partie de la classe politique comme un État gaspilleur. Trois possibilités s'offrent à ce stade à l'État:

a) Accepter à court terme la baisse des impôts tout en contournant la baisse des dépenses[1]

---

[1] Ce qui se fait en Occident 40 ans en laissant filer les déficits budgétaires et en faisant une fuite en avant dans l'endettement.

b) La rationalisation des choix budgétaires (RCB) ou la révision générale des politiques publiques.
c) La révision des missions de l'État en acceptant la baisse concomitante des recettes et des dépenses, donc l'analyse fine de l'évolution du contenu des dépenses.

Le redressement des finances publiques s'appuie sur la baisse des dépenses publiques dans la mesure où rationaliser la dépense fait partie de l'annulation de dettes et de l'augmentation d'impôts comme réponses les plus courues pour faire face aux difficultés des finances publiques. C'est pourquoi la puissance publique se fixe des limites en se concentrant sur quelques services publics fondamentaux afin de ne pas troubler la vie économique. Ainsi les dépenses publiques se veulent le plus neutre possible, ce qui suppose à la fois de rester dans des volumes limités (environ 10 % du PIB) et uniquement à destination de bénéficiaires remplissant des fonctions régaliennes: police, justice, armée, sécurité intérieure et extérieure, et finances.

Nous traitons là les grandes problématiques de la gouvernance financière concernant l'interventionnisme public ayant réduit depuis le XIXe siècle le périmètre d'intervention à une ventilation approximative de 1/3 des dépenses pour la Défense, ¼ des dépenses pour l'administration et justice, ¼ pour le service de la dette et 1/6 des dépenses d'intervention pour les équipements routiers et les canaux. L'intervention de l'État dans la vie économique n'est pas du tout nouvelle. Les phases de reconstruction consécutives aux différentes guerres mondiales ont même poussé les personnes publiques à prendre en charge les activités de Ravitaillement, de Transports, de Logement, d'Assurance etc. Bref l'intervention de l'État s'est montré soit directe soit indirecte prenant alors la forme de subventions faisant parler d'État providence.

La justification de l'endettement public

Le financement par l'emprunt, la politique de dépenses publiques élevées et leur financement par l'emprunt trouve sa justification dans l'approche keynésienne qui repose sur trois idées-forces[1] :

a) Augmenter la production par la dépense publique et donc accroître le rôle de l'État: l'emprunt étant un moyen commode d'y parvenir.
b) Le financement par l'emprunt de certaines dépenses publiques limite la ponction fiscale faisant éviter ainsi l'effet d'éviction de la dépense privée par la dépense publique. Ce raisonnement est valable si l'endettement public se traduit par une création monétaire ex-nihilo qui ne modifie en rien la demande des agents privés.
c) Une situation globale de l'épargne qui se traduit par un excédent de la balance des paiements courants peut être améliorée grâce au déficit budgétaire. Un solde positif de la balance de paiements courants signifie un excédent d'épargne qui n'arrive pas à s'investir dans le secteur privé national. L'État doit mobiliser ce surplus d'épargne pour financer des investissements publics.

L'État a vocation à être

L'État, à la différence des entreprises privées, ne subit pas de sanctions en cas d'erreurs d'appréciation sur la nature de ses dépenses. Une entreprise qui se trompe perd ses fonds propres puis fait faillite. L'État, lui, ne peut ni ne doit faire faillite. Lorsque son endettement est pleinement efficace, il suscite un surcroît de croissance qui se traduit par une augmentation des rentrées fiscales. Mais lorsque son endettement est économiquement inefficace, par effet de ré emprunt immédiat, il accumule une dette dont il ne sait comment se défaire[2]. Le ratio dette/PIB ne peut croître indéfiniment. Autrement, selon François Quesnay, il existe un niveau du ratio dette/PIB au-delà duquel l'État ne peut aller.

---

[1] J.-M. Daniel, *Dictionnaire de l'économie, Encyclopaedia universalis*, Paris, 2007, p. 335.

[2] Néanmoins, trois voies de se défaire de la dette sont: l'amortissement, l'annulation d'une partie de la dette et l'inflation.

Remboursement de la dette signifie Amortissement mais l'État est obligé de prévoir de quoi verser les intérêts. Plus le montant de ces intérêts est élevé et plus le volume des dépenses est significatif. Dans l'histoire des finances publiques, certains États ont pu décliner devant la dette avec toutes les conséquences. Plus près de nous, en 1982 ce fut la déclaration du Président Herzog du Mexique devant la tribune de l'ONU : il créa la débandade de sa jeunesse et des investisseurs étrangers. Plus loin de nous, en 1789, le roi de France a convoqué les états généraux car il ne pouvait plus payer les intérêts de sa dette. Celle-ci a été évaluée par les historiens à 80 % du PIB, alors qu'aujourd'hui, en Europe, les dettes publiques italienne ou belge dépassent les 100% du PIB. Au moment du déclenchement de la crise de la dette dans les Pays en Développement, au début des années 1980, le Congo et la Côte d'Ivoire avaient atteint des stocks de dettes publiques supérieurs à 200 % de leur PIB. Comment stabiliser le ratio dette/PIB? Des calculs permettent d'établir que cette stabilité repose sur l'égalité entre le taux de croissance de l'économie et le taux d'intérêt auquel l'État emprunte. Cette égalité du taux d'intérêt et du taux de croissance constitue pour les économistes ce que l'on appelle *la règle d'or de la croissance.*

Dette publique est assimilée à Dette de l'État. Ce qui faisait la particularité de cette dette, c'est le rapport de l'État au temps. Tout agent économique est contraint de rembourser ses dettes au moment de sa disparition. Mais l'État, qui est éternel, ne disparaît jamais, si bien qu'il n'a jamais à rembourser, d'où les rentes perpétuelles c'est-à-dire des titres publics qui donnaient le droit au versement d'un intérêt jusqu'à la fin des temps.

Aujourd'hui, les rentes perpétuelles ont disparu mais chaque titre qui arrive à échéance donne lieu à un ré emprunt immédiat. Grâce à la comptabilité privée, les créanciers connaissent les capacités de remboursement des débiteurs. En cas de problème c'est-à-dire quand une entreprise a consommé ses fonds propres, le créancier engage une procédure de mise en faillite qui lui permet de récupérer sa mise. Cette règle ne peut s'appliquer à l'État, qui est voué à l'éternité (juridiquement ne peut être mis en faillite). Selon le traité de Maastricht, la dette publique est l'ensemble des engagements financiers bruts des administrations publiques, à l'exception des crédits commerciaux et des décalages comptables. Cette dette est mesurée en valeur nominale et non en valeur de marché, un titre de dette ayant deux valeurs:

- La première correspond à la somme apportée au moment de l'émission par le prêteur, c'est donc la valeur nominale.
- Mais si le prêteur souhaite récupérer ses fonds avant la date prévue pour le remboursement, il va vendre son titre de dette. Ce titre a dès lors un prix de vente, une valeur de marché, qui dépend à la fois du temps qui reste à courir avant le remboursement et du taux d'intérêt.

La gestion des compromis des actifs et des passifs patrimoniaux en République démocratique du Congo

La gestion des compromis est aussi une gestion des actifs patrimoniaux face à un calcul des passifs c'est-à-dire le patrimoine en tant que facteurs de croissance d'une nation. Prise dans sa globalité, l'économie connaît le PIB, l'épargne brute, la consommation finale (ménage et administration) et la formation brute du capital fixe. Les quatre types de patrimoine prévus et non prévus dans les comptes nationaux sont :

a) les actifs environnementaux par exemple, mais qui sont susceptibles d'entrer dans un cadre élargi de la comptabilité nationale[1].

b) le patrimoine humain ou le « capital de connaissances » qui relèvent de la quantification de la qualité mais dont les modalités sont encore à explorer ou sont encore en cours d'exploration.

Du point de vue de la planification régionale

La gestion des compromis entre la centralisation et la décentralisation s'opère à distance grâce aux nouvelles technologies de l'information et de la communication. Elle est à la fois décentralisée et unifiée d'unités dispersées dans l'espace. Cette gestion superpose un espace organisationnel hors sol dont la structure et le fonctionnement obéissent à des stratégies

---

[1] A. Babeau, *Op. cit.*, p. 17.

d'entreprise de plus en plus autonomes à l'égard des activités et des politiques autocentrées sur des territoires déterminées.

Du point de vue de la gouvernance financière

La gestion des compromis c'est aussi réduire le poids de la dette, se défaire de sa dette à travers trois moyens:

a) L'amortissement: l'État doit rembourser plus qu'il n'emprunte même si historiquement cela a été peu pratiqué.
b) L'annulation d'une partie de la dette (la banqueroute)[1]: Mais savoir que du point de vue politique, réduire la dette signifie toujours plus de recettes et moins de dépenses, ce qui rend l'exercice politiquement délicat.
c) L'inflation: les taux d'intérêt portés par les titres de dette publique étant en général fixes, la hausse des prix réduit le poids relatif des intérêts à verser pour un État qui voit ses recettes artificiellement gonflées par l'inflation.

Du point de vue de la décentralisation des finances publiques en RDC

En RDC, les finances du pouvoir central et celles des provinces sont distincte et avec l'obligation d'arrêter le budget annuel des provinces par une loi, au même titre que le budget du pouvoir central [art. 175, al.1, Constitution], obligation qui n'est pas expressément requise pour les autres catégories d'entités territoriales décentralisées. Les budgets provinciaux ne sont pas soumis au préalable à l'examen et à l'approbation du Parlement. Car l'article 175 de la Constitution réserve une part de 40 % de l'ensemble des recettes publiques à caractère national. Chaque province a le droit de retenir 40 % des recettes recouvrées sur son territoire. D'une part, le même article de la Constitution renvoie à une loi spécifique devant fixer la nomenclature des autres recettes locales et la modalité de leur répartition. D'autre part il est prévu à l'article 181, la création d'une Caisse nationale

[1] Ce fut une pratique sous la Monarchie française mais depuis 1797 on n'annule plus la dette publique en France.

de péréquation dont l'objet consiste à « financer des projets et programmes d'investissement public pour assurer la solidarité nationale et corriger le déséquilibre de développement entre les provinces et entre les autres entités territoriales décentralisées. De ce fait, les provinces bénéficieront au même titre que les entités territoriales de base de l'intervention de la Caisse de péréquation. Le système des finances publiques en planification décentralisée de la RDC est ainsi structuré en trois niveaux de compétence: les finances publiques de l'État au niveau national ; les finances publiques des provinces, et les finances publiques locales de base au niveau des villes, communes, secteurs et chefferies. Relativement à ces finances décentralisées, la rétrocession présente l'avantage de faire accéder les autorités provinciales aux informations sur les recettes recouvrées sur leur territoire. Toutefois, l'assiette des recettes publiques n'étant pas homogène sur l'ensemble du territoire national, les provinces pauvres en potentiel de recettes recevront moins de rétrocession, avec comme conséquence l'exacerbation des disparités entre les provinces[1].

Justement, la gestion des compromis par les finances publiques dans une planification régionale de la RDC s'affiche comme mécanisme de transferts sociaux sous la forme d'une Caisse de péréquation devant servir à financer des projets et programmes d'investissement public. Force est donc de respecter les dispositions constitutionnelles avec les impératifs d'équité et la sauvegarde de l'équilibre des finances publiques en matière de rétrocession et de péréquation fondées sur une large autonomie de gestion.

Conclusion

Tout ce que nous venons d'exposer permet de mettre de l'ordre dans l'économie et les orientations pour le développement économique du pays en tablant sur les priorités économiques et

---

1 Vunduawe te Pemako, « De la nouvelle décentralisation territoriale en République Démocratique du Congo », in M. Schulz (éd.), *Les porteurs du développement durable en République démocratique du Congo : évolutions récentes de la vie politique, économique, religieuse, culturelle et de la société civile*, éd. du CEPAS et du Spektrum, 2009, pp. 653-667.

les priorités sociales. Affecter aux différentes régions une part des crédits publics correspondant à leur poids démographique et économique. Ce qu'on appelle la part égalitaire de 80 % des crédits et la part volontariste de 20 % des crédits. La décentralisation repose sur la reconnaissance par le pouvoir central d'intérêts distincts de ceux du Gouvernement de l'État. La délocalisation concerne le transfert hors de la Capitale des sièges de certaines administrations ou entreprises publiques dans un équilibre de planification décentralisé qui ne déstabilise pas l'institution publique, l'État. L'approche interurbaine concerne la dynamique territoriale toujours par souci d'économie régionale. L'intention ou la décision de décentraliser l'État n'appartiennent pas aux régions. La planification régionale semble anticiper sur les intentions politiques de décentralisation. Le cadre de réflexion dans la planification régionale c'est la Région devenue complexe en mondialisation. Très poussée, la décentralisation deviendrait déconcentration accrue. Les solutions locales mais exigeant une intervention du niveau central pour remédier aux problèmes localisés d'emploi reposent sur la gestion honnête des Finances publiques depuis l'allocation du budget passant par la répartition équitable du revenu jusqu'à la stabilisation économique.

Nous aurons ainsi participé, par ce texte, à la confection d'un plan de développement économique régional ou encore à la projection régionalisée du Plan national.

L'adhésion de la République démocratique du Congo au droit de l'Organisation pour l'Harmonisation en Afrique du droit des affaires (OHADA) : Quels avantages pour la petite entreprise congolaise ?

Adalbert Kitopi Kimpinde

Depuis plusieurs années déjà, dans toute la RDC en général et dans la Province du Katanga en particulier, des ateliers et divers séminaires de sensibilisation et de vulgarisation ont été organisés avec plus ou moins de succès, aussi bien sur le droit de l'OHADA en général que sur quelques uns de ses aspects spécifiques comme le droit comptable, la constitution des sociétés commerciales et leur inscription au registre de commerce et de crédit mobilier (RCCM), le recouvrement des créances et les sûretés etc.

Depuis le 12 septembre 2012, la République Démocratique du Congo a, enfin, adhéré à l'OHADA et dispose, à compter de cette date, d'un moratoire de deux ans courant jusqu'à la fin de l'exercice 2014 pour conformer son droit des affaires interne aux normes de l'OHADA. Bien de praticiens du droit congolais actuel et évoluant dans moult secteurs (comptables d'entreprises, juristes, économistes, politologues, journalistes etc.) continuent encore à s'interroger sur le bien-fondé ou l'intérêt qu'aurait la RDC à cracher sur son droit actuel, vieux de plus de cent ans[1] et à l'effacer d'un coup de chiffon pour ensuite s'aliéner en cherchant à se rapprocher des pays de l'ex-Afrique Equatoriale et Occidentale française avec lesquels elle n'a que des relations économiques et commerciales très peu développées dont elle ne tirerait aucun profit[2]. Mais, les instances nationales ayant déjà

[1] Le premier texte légal constituant le droit des affaires congolais est le Décret du Roi-Souverain du 27 février 1887 sur les sociétés commerciales.

[2] Ces préoccupations particulières sont souvent exprimées par des participants dans le jeu de questions-réponses qui suit généralement l'exposé des intervenants dans les différents ateliers et/ou séminaires de sensibilisation à l'adhésion de la RDC au droit de l'OHADA.

levé l'option, laquelle lie toute la République, les débats d'arrière-garde n'ont plus aucun intérêt et il faut plutôt regarder les choses en face et en tirer toutes les conséquences. C'est pourquoi, dans le cadre de ces journées scientifiques dont le thème majeur porte sur « *Frontières et gouvernance sécuritaire pour le développement de la République Démocratique du Congo* », nous avons pensé à la question de la bonne gouvernance économique, laquelle a un impact réel sur la sécurité économique et, par ricochet, sur la sécurité générale et surtout politique du pays.

Dans la recherche de la stimulation des jeunes à la création de leurs propres unités économiques dont ils en seraient non seulement les concepteurs mais également les animateurs ou capitaines (« d'entreprises »), nous nous sommes proposé de nous interroger sur les avantages que pourrait bien offrir aux petites entreprises l'adhésion de la RDC à l'OHADA.

Pour apporter aux participants au colloque des éléments d'informations utiles et suffisantes, nous allons d'abord faire une très brève présentation du cadre historique ayant donné naissance au droit de l'OHADA (I). Ensuite, les motivations de la décision prise par la RDC seront épinglées (II) avant d'examiner les différents avantages que peut procurer cette adhésion de la RDC à l'OHADA aux petits entrepreneurs congolais (III).

L'essentiel du droit de l'OHADA[1]

Point n'est besoin d'épiloguer longuement sur ce qui est déjà connu. Mais, brièvement, le Traité relatif à l'Harmonisation du Droit des Affaires en Afrique a été signé le 17 octobre 1993 à Port-Louis. C'est ce traité qui a créé l'Organisation pour l'Harmonisation en Afrique du Droit des Affaires (OHADA). Il a été, par la suite, révisé à Québec, au Canada, le 17 Octobre 2008.

Avant l'adhésion de la RDC à cette organisation, seize Etats en étaient déjà membres. Il s'agit des pays ci-après : le Bénin, le Burkina-Faso, le Cameroun, la Centrafrique, la Côte d'Ivoire, le Congo, les Comores, le Gabon, la Guinée, la Guinée-Bissau, la Guinée-Equatoriale, le Mali, le Niger, le Sénégal, le Tchad et le Togo. Ce Traité a pour principal objectif de remédier à l'insécurité

[2] Consulter le site web http://www.ohada.org/presentation-generale-de-lohada-html.

juridique et judiciaire existant dans les Etats Parties susmentionnés. Dans ces seize pays, l'insécurité juridique identifiée s'expliquait notamment par la vétusté des textes juridiques en vigueur. En effet, la plupart de ces textes dataient de l'époque coloniale et ne correspondaient manifestement plus à la situation économique et aux rapports internationaux de ce siècle. Très peu de réformes avaient été entreprises depuis l'époque de leurs indépendances jusqu'aux années 90. Chaque Etat légiférait sans tenir compte de la législation des Etats de la zone Franc. A cela s'est ajouté l'énorme difficulté pour les justiciables et les professionnels de connaître les textes juridiques applicables. Par contre, la mauvaise administration de la justice a été perçue comme étant la cause de l'insécurité judiciaire, tant en droit qu'en matière de déontologie. Ceci est notamment dû au manque de moyens matériels, à l'insuffisance de la formation des magistrats et des auxiliaires de justice. Dans les seize États susmentionnés, les opérateurs économiques avaient coutume de dénoncer une situation qui leur était préjudiciable et qui était caractérisée par :

- la coexistence de textes contradictoires;
- la lenteur des procédures;
- l'imprévisibilité des tribunaux;
- la corruption des systèmes judiciaires;
- les difficultés d'exécution des décisions.

Par ailleurs, la balkanisation juridique et l'insécurité judiciaire ont été perçues comme des entraves réelles au développement économique. Par conséquent, l'harmonisation du droit économique et l'amélioration du fonctionnement des systèmes judiciaires dans ces pays ont été considérés comme nécessaires pour restaurer la confiance des investisseurs, faciliter les échanges entre eux et développer un secteur privé performant, qui est une condition sine qua non de la réussite des programmes de privatisation. Enfin, le phénomène de mondialisation de l'économie, qui a pris de l'ampleur à partir des années 90, exige l'harmonisation des droits et des pratiques du droit. Cette exigence constitue pour des pays en développement en général et les Etats parties de l'OHADA en particulier, une priorité pour créer les conditions favorables à l'instauration d'un espace de sécurité juridique et judiciaire indispensable pour drainer des flux importants d'investissements. Car, investir est déjà en soi un risque, même s'il est calculé. Par contre, s'il faut doubler ce risque premier inéluctable de celui d'un système juridique fluctuant, ondoyant et insaisissable, il n'y a pas beaucoup de chance de susciter l'attrait des investisseurs, tant nationaux qu'étrangers.

Pourquoi la RDC a-t-elle décidé d'adhérer au système juridique de l'OHADA ? Telle est l'une des questions que beaucoup de praticiens du droit congolais se posent.

Adhésion de la RDC à l'OHADA

La position de la RDC en Afrique centrale a fait que celle-ci, pour des intérêts divers (surtout politiques et économiques), à la limite divergents, fasse partie de plusieurs organisations : la *Communauté économique des pays des grands lacs* (CEPGL), la *Communauté économique des États d'Afrique centrale* (CEEAC), le COMESA, *Common Market for Eastern and Southern Africa* (ou Marché commun pour l'Afrique de l'Est et Australe) et la SADC, la *South African Development Community* (ou Communauté de Développement de l'Afrique Australe). Mais l'adhésion de la RDC au traité de l'OHADA est beaucoup plus dictée par le souci d'amélioration du climat des affaires et donc un intérêt plus économique que politique. En effet, l'examen des différents problèmes dénoncés par les opérateurs économiques de l'espace franc sont, mutatis mutandis, les mêmes que ceux dénoncés depuis des décennies par les opérateurs économiques congolais :

De la coexistence de textes contradictoires

En RDC, le droit en général et davantage le droit des affaires en particulier, est très insuffisamment codifié. La plupart des réglementations économiques sont souvent rédigés à la hâte, afin de les adapter rapidement à une conjoncture économique souvent très volatile. Ce qui explique l'existence des textes parfois contradictoires créant des divergences d'interprétation et une situation souvent tendue et explosive entre les agents des administrations de l'économie et les opérateurs économiques.

De la lenteur des procédures

Favorisée par la multiplication des administrations compartimentées peu coopératives entre elles, elle caractérise le fonctionnement du système administratif congolais dont les animateurs sont insensibles à la devise « *time is money* » propre au monde des affaires. Non seulement cette lenteur est très préjudiciable à la bonne marche des affaires, mais elle est également « *ruineuse* » car, lorsqu'on arrive à épuiser les procédures prescrites (aucune autre alternative légale n'étant pas possible), on s'y fait allègrement déplumer à chaque stade. Le préjudice énorme qu'elle cause encore à la bonne marche des affaires en RDC a poussé les pouvoirs publics à entamer le processus de création des Guichets Uniques partout où la bonne marche des affaires l'exige. En 2001, on avait cru trouver des solutions solides et définitives à la lenteur des procédures judiciaires en créant les tribunaux de commerce[1]. Mais, très vite la réalité de terrain a rattrapé l'idéalisme et aujourd'hui, plus de douze ans après, il n'existe que quatre tribunaux de commerce opérationnels sur toute l'étendue de la RDC[2] et la lenteur des procédures judiciaires continue à faire le lit des malheurs du monde des affaires.

De l'imprévisibilité des cours et tribunaux

Dans bien des cas, les opérateurs économiques et leurs conseils ne sont pas rassurés, dès le départ, de l'aboutissement d'une procédure judiciaire les concernant. Beaucoup d'instances judiciaires ont été souvent imprévisibles quant à l'issue qu'elles pouvaient (ou peuvent) bien réserver à une affaire pour laquelle une partie est convaincue de la pertinence des éléments de preuve dont elle dispose et même du dispositif légal qui peut bien être de son coté. Que des jugements iniques à profusion et des cas de corruption avérés ont entraîné, il y a une quinzaine d'année, les

---

[1] Loi n°002-2001 du 3 juillet 2001 in J.O.RDC., no14 du15 juillet 2001, p. 4/*Codes Larcier/RDC, Tome I, Droit privé et judiciaire*, Bruxelles-Kinshasa, p. 370.

[2] Un tribunal de commerce à Kinshasa et un dans chacune des Provinces du Bas-Congo, du Katanga et Orientale.

instances nationales à prendre, malheureusement sans respect de la procédure, la décision de mettre à l'écart du corps judiciaire plus de deux cent magistrats auteurs de ces manquements[1]. Cela n'a servi de leçons qu'à peu de magistrats scrupuleux car le système a repris de plus belle avec, pour ne citer que le cas de certains magistrats de Lubumbashi, de faux jugement confectionnés entre les quatre murs de leurs offices[2].

De la corruption des systèmes judiciaires

Le système judiciaire congolais n'échappe pas à ce mal qui gangrène le corps judiciaire. Nul n'est besoin d'épingler ici la litanie des doléances d'opérateurs économiques financièrement moins puissantes se plaignant des décisions de justice iniques rendues à leur détriment mais en faveur de leurs parties adverses économiquement et financièrement plus puissantes qu'elles, capables d'acheter à coups de billets verts[3] des jugements en leur faveur. Il est rapporté que beaucoup de décisions de justice rendues apparemment avec équité le sont sur fond des considérations étrangères au droit : l'appartenance tribale, le népotisme, le clientélisme politico-économique, des amitiés et des circonstances singulières sortant du commun des habitudes. En réalité, l'intérêt financier ou de toute autre nature est souvent omniprésent et l'acte de reconnaissance subséquent est posé dans le cadre de la tribu, de l'appartenance politique des bénéficiaires desdites décisions etc. Rares sont les jugements qui, jusqu'à l'avènement des magistrats dits « génération Kabila » (*zéro*

---

[1] Décret présidentiel n°144 du 6 novembre 1998 portant révocation de 315 magistrats.

[2] L'auteur dispose de plusieurs extraits de jugements de confirmation de « *faux* » contrats de vente d'immeubles relevant du domaine privé de l'Etat. Les affaires y relatives n'avaient jamais été portées à la connaissance de la partie Etat. L'Etat n'avait jamais été notifié de la tenue des audiences y afférentes parce que non tenues conformément au prescrit de la loi. Ces faux jugements, concoctés par certains avocats et juges directement intéressés, devaient servi de bases pour la mutation immobilière (établissement des certificats d'enregistrements portant sur ces immeubles) en faveur des prétendus acheteurs. Ils ont été tenus secrets jusqu'au jour où les certificats d'enregistrement établis sont devenus inattaquables telle que prévue par la loi.

[3] Le dollar américain.

tolérance)[1] étaient rendus sur fond d'équité. La corruption du système judiciaire a été aggravée par les pouvoirs publics eux-mêmes assurant aux magistrats et aux agents du système judiciaire en général une rémunération insuffisante les exposant à tous les maux ainsi décriés.

Des difficultés d'exécution des décisions

De manière générale, obtenir l'exécution d'une décision de justice, de manière satisfaisante et dans un délai raisonnable, relève d'un véritable parcours de combattant en RDC. En particulier, l'exécution des décisions de justice du domaine des affaires est tributaire de beaucoup de considérations d'ordre financier. Pour rentrer dans ses droits, il faut dépenser beaucoup.

Obtenir l'exécution des décisions de justice condamnant les entreprises du portefeuille de l'État est encore plus difficile parce que les pouvoirs publics se sont délibérément impliqués pour contrecarrer, en cette matière, la bonne administration de la justice.

Bien plus, faire exécuter une décision de justice condamnant une entreprise du portefeuille de l'Etat est devenue davantage difficile sinon impossible pour la simple raison que les pouvoirs publics se sont eux-mêmes jetés dans la bataille pour empêcher, par simple interférence administrative, l'exécution de toute décision de justice et protéger ainsi la survie des entreprises publiques.

Pourquoi adhérer au droit de l'OHADA ?

L'image de la RDC dépeinte ci-dessus ne diffère en rien de celle qu'offraient, avant 1993, les seize Etats parties au traité créant l'OHADA. Aujourd'hui, l'on connait fort bien les aléas qui minent les agendas des sessions législatives du Parlement congolais pour la production des lois. Et, en ce temps où la mondialisation économique laisse peu de place à des législations économiques spécifiquement nationales, comme la RDC, quel intérêt y aurait-il à perdre un temps précieux pour concevoir ce

---

[1] Pas du tout évident et il n'existe pas encore d'éléments probants suffisants pour l'affirmer.

qui existe déjà ? Par ailleurs, depuis l'indépendance de la RDC en 1960, très peu de lois ou réglementations à caractère économique ont été revues et adaptées ou prises. Les quelques textes connus l'ont été soit suite aux pressions des nécessités économiques ou financières (cas, par exemple, des législations minières et d'hydrocarbures et des codes des investissements) soit encore suite à certaines contraintes [(cas notamment de la loi sur l'aviation civile et de l'adhésion, en 2005, de la RDC à l'Initiative pour la Transparence dans les Industries Extractives (ITIE) et sa mise en œuvre de l'Initiative[1]]. C'est donc dans ce contexte qu'est prise, le 12 septembre 2012, la décision de la RDC d'adhérer au droit de l'OHADA. Un moratoire de deux ans expirant fin 2014 lui est accordé à la RDC pour insérer droit de l'OHADA dans l'arsenal juridique interne.

Quel est, en définitive, le résultat final recherché par le droit de l'OHADA?

Dans les seize États précités ainsi qu'en RDC, le résultat recherché à travers le droit ainsi harmonisé se ramène aux cinq piliers ci-après :

- L'amélioration du fonctionnement des systèmes judiciaires dans les Etats-Parties, la restauration de la confiance des investisseurs et le drainage vers ces Etats des flux importants d'investissements afin de susciter leur attrait ;
- La facilitation des échanges entre les pays, le développement d'un secteur privé performant ainsi que la création des conditions favorables à l'instauration d'un espace de sécurité juridique et judiciaire.

---

[1] RDC, Comité Exécutif de l'Initiative pour la Transparence des Industries Extractives, Rapport de validation, Kinshasa, février 2013, p.2.

Quels avantages l'adhésion de la RDC présente-t-elle aux petits entrepreneurs congolais?

Pour apprécier objectivement les avantages qu'une petite entreprise congolaise peut tirer de l'adhésion de la RDC au droit de l'OHADA, nous présentons succinctement, dans le tableau comparatif ci-dessous, quelques éléments par lesquels le lecteur peut se faire facilement une idée approximative et être suffisamment éclairé sur la question sous examen. Dans cette brève analyse, nous retiendrons les éléments de comparaison suivants :

- la constitution d'une société commerciale ;
- le contrôle de gestion de la société ;
- l'accès au crédit pour la petite entreprise ;
- les garanties à offrir pour les créanciers ;
- la tenue de la comptabilité ;
- les procédures de recouvrement et voies d'exécution ;
- le règlement des litiges commerciaux par voie d'arbitrage.

N°	Eléments de comparaison retenus			Observations
1	*Constitution d'une société commerciale*	Droit de l'OHADA	Droit congolais actuel	La société unipersonnelle privée répond bien aux desiderata de beaucoup de congolais qui aiment être seuls dans leurs affaires.
2	*Contrôle de gestion de la société*	Procédure d'alerte, par lettre du commissaire aux comptes adressée au gérant (dans les entreprises autres que par actions) ou au	La procédure d'alerte ou la demande d'expertise telles que prévues par le droit de l'OHADA est plus efficace que ce qui	La procédure d'alerte et la demande d'expertise prévues par le droit de l'OHADA offrent une plus grande assurance quant à la garantie de

		président du conseil d'administration (dans les sociétés anonymes); Procédure d'alerte par les associés non gérants (dans les sociétés autres que par actions) ou par les actionnaires dans les sociétés anonymes) La demande d'une expertise de gestion par un ou plusieurs associés représentant au moins le 1/5ème du capital social, individuellement ou en groupe, adressée au président de la juridiction compétente du siège social, lequel peut désigner un ou plusieurs experts chargés de présenter un rapport sur une ou plusieurs opérations de gestion.([1]).	existe en droit congolais actuel. Si les associés ont le droit de désigner des commissaires aux comptes ou se comporter en commissaires aux comptes (si la société a moins de cinq associés) et se faire assister d'un expert de leur choix, la procédure utilisée diffère largement de celle prévue en droit de l'OHADA et la demande d'une expertise de gestion n'est pas prévue comme en droit de l'OHAD ([2]).	bonne gestion d'une société commerciale dont ont besoin aussi bien les associés eux-mêmes que les créanciers de celle-ci

[1] Articles 157 à 160 de l'Acte uniforme sur les sociétés commerciales.

[2] Lire à ce propos les articles 71 et 76 du Décret du Roi-Souverain du 27 février 1887 sur les sociétés commerciales In *Bulletin Officiel.,* 1887, p. 24 et nouvelle édition, p. 150/Codes Larcier/EDC, tome III, volume 1, Droit commercial, p. 89.

3	*Accès au crédit pour la petite entreprise*	Toute entreprise autorisée par l'Acte uniforme sur les sociétés commerciales et le GIE peut faire appel public à l'épargne [1]. Par ailleurs, les modes de contrôle de gestion dont question au point 2 ci-dessus (systèmes d'alerte reconnus aux commissariat aux comptes et aux associés, les garanties (sûretés personnelles, mobilières et hypothèques), la comptabilité obligatoire garantie par une certification des professionnels reconnus (experts et réviseurs comptables) et régis par des règles déontologiques rigoureuses rassurent les établissements de crédit et donnent un peu de chance aux petits	En droit congolais, la société privée à responsabilité limitée ne peut pas faire appel à l'épargne publique (émission des obligations par exemple) [2]. Par ailleurs les modes de contrôle de gestion des petites sociétés commerciales congolaises donnent très peu de chance d'accès au crédit bancaire en RDC.	

[1] Articles 81 à 87 de l'Acte uniforme sur les sociétés commerciales.

[2] Article 36 du Décret du Roi-Souverain du 27 février 1887 susmentionné.

		entrepreneurs d'accéder au crédit bancaire.		
4	*Garanties à offrir pour les créanciers*	Le droit OHADA prévoit ([1]) : 1) Les sûretés personnelles (le cautionnement, la garantie et la contre garantie autonomes) 2)Les sûretés mobilières (l'inscription des sûretés mobilières au registre du commerce et du crédit mobilier (RCCM), le droit de rétention du bien mobilier du débiteur, la propriété retenue ou cédée a titre de garantie, le gage ([2]) des meubles corporels - matériels professionnels, véhicules automobiles et stocks - le	Le droit congolais prévoit le cautionnemen t, le gage des biens meubles corporels et incorporels - pourvu qu'ils soient susceptibles de possession- des hypothèques légale ou conventionnell es etc. ([3])	En ce concerne les garanties le droit congolais reste vague en ce qui concerne le gage, lorsqu'il dispose qu'on peut donner en gage toutes choses mobilières qui sont dans le commerce, incorporelles et corporelles, pourvu qu'elles soient susceptibles de possession (Art. 323 de la loi précitée) alors que le droit de l'OHADA les énumère de manière précise ([4]).

[1] F. Anoukaha et alii (2002) : *OHADA : les sûretés*, Bruxelles, Bruylant, 2002.

[2] P. Delebecque et M. Germain, *Traité de droit commercial, tome 2, Effets de commerce, Banque, Contrats commerciaux et Procédures collectives*, 17ème édition, LGDJ, Paris, 2004, n° 2439 et ss.

[3] Articles 357 à 367 de la loi n°73-021 du 20 juillet 1973 portant régime général des biens, régime foncier et immobilier et régime des sûretés *In Journal Officiel du Zaïre*, n° 3 du 1er février 1974, p. 69/ Codes Larcier/RDC, tome I, Droit civil et judiciaire, p. 113-122.

[4] Acte uniforme portant organisation des suretés adopté le 15 décembre 2010 (à Lomé).

		nantissement de meubles incorporels –tels que la créance, le compte bancaire, les droits d'associés, les valeurs mobilières et les comptes de titres financiers, les droits de propriété intellectuelle, le fonds de commerce et le privilège du vendeur de fonds de commerce – ainsi que les privilèges (généraux et spéciaux) 3) Les hypothèques (hypothèques conventionnelles et hypothèques forcées : légales et judiciaires)		
5	*Tenue de la comptabilité*	• Obligation faite à toute entreprise de mettre en place une comptabilité destinée à l'information externe comme à son propre usage; • Les très petites entreprises (chiffre d'affaires annuelles égales ou inférieures aux seuils de	En droit congolais, les entreprises de petite taille (micro entreprises à chiffre d'affaires annuel n'excédant pas 10.000.000 FC (ou 10.000 $US) et les petites entreprises dont le chiffre	De manière générale, la comptabilité des petites entreprises congolaises n'a jamais fait confiance aux banquiers et que par conséquent l'accès au crédit de ces dernières repose beaucoup plus sur les garanties (hypothèques et

		30.000.000 FCFA ([1]) pour les entreprises de négoce, de 20.000.000 FCFA pour les entreprises artisanales et assimilées et de 10.000.000 FCFA pour les entreprises de services) sont admises au système allégé comportant l'établissement simplifié dans les conditions définies par le Système comptable OHADA (Bilan, compte de résultat de l'exercice et de l'état annexé).	d'affaires annuel excède 10.000.000 FC mais reste inférieur à 80.000.000 FC (de plus de 10.000 $US à +/- 88888,89 $US) sont admises au système comptable simplifié mais peuvent opter pour le système de droit commun (tenue d'une comptabilité régulière). Cependant, la loi ne dit pas expressément que l'unique comptabilité mise en place est destinée à l'information externe comme à son propre usage. D'où, l'existence de plusieurs comptabilités en fonction des consommateurs concernés.	dans une certaine mesure les sûretés mobilières).
6	***Procédures de recouvreme***	**Prévision des procédures simplifiées de**	En droit congolais : Le	Les procédures simplifiées de recouvrement

[1] 1 $US = 500 FCFA. Donc ces seuils de chiffres d'affaires équivalent respectivement à 60.000 $US (soit +/- 54.000.000 FC), 40.000 $US (36.000.000 FC) et 20.000 $US (18.000.000 FC).

	nt et voies d'exécution	**recouvrement des créances** ([1]): a)La procédure d'injonction de payer; b) L'injonction de délivrer ou de restituer un bien meuble déterminé. c)Demande d'autorisation de pratiquer une mesure conservatoire sur tous les biens mobiliers corporels ou incorporels de son débiteur, sans commandement préalable; d) La saisie conservatoire des créances; e)Les saisies mobilières conservatoires (des droits d'associés et des valeurs mobilières, des récoltes sur pied; des rémunérations; des droits d'associés et des valeurs mobilières); f) Saisie immobilière.	recouvrement d'une créance certaine, liquide et exigible requiert nécessaire la passage par la mise en demeure et le commandement ; le droit de pratiquer une mesure conservatoire sur tous les biens mobiliers corporels ou incorporels de son débiteur, requiert obligatoirement un commandement préalable ; La saisie conservatoire des droits d'associés et des valeurs mobilières n'est pas expressément prévue ; La saisie des récoltes sur pied n'est pas prévue ; la saisie et cession des rémunérations est strictement réglementée et	des créances ainsi que les multiples voies d'exécution prévues dans le droit de l'OHADA sont nettement plus avantageuses que celles du droit congolais actuel.

[1] Anne-Marie H. Assi-Esso et Ndiaw DIOUF (2002) : OHADA : Recouvrement des créances, Bruylant, Bruxelles, 2002, 254 pages.

			la saisie des droits d'associés et des valeurs mobilières n'est pas prévue ;	
7	***Règlement des litiges commerciaux***	Institution de l'arbitrage pour le règlement des litiges commerciaux ([1]) : Nécessité d'une convention d'arbitrage entre parties faite par écrit; La décision arbitrale est rendue dans la procédure et selon les formes convenues par les parties; La décision arbitrale peut faire l'objet d'un recours en annulation mais n'est **pas susceptible d'opposition, d'appel, ni de pourvoi en cassation ([2])**; Possibilité d'exécution forcée de la sentence	L'arbitrage est prévu en droit congolais. Mais, contrairement au droit de l'OHADA, il est **susceptible d'appel** mais **pas d'opposition ni de pourvoi en cassation ([3]).**	La reconnaissance du droit de faire appel de la sentence arbitrale est nuisible à la célérité de règlement des litiges commerciaux et est source de manœuvres dilatoires de la part des parties peu loyales dans leurs relations d'affaires. Mieux, le droit de l'OHADA, en édictant que « l**e fait pour les parties de s'en remettre à un organisme d'arbitrage les engage à appliquer le Règlement d'arbitrage de cet organisme »** fait également obstruction aux

[1] P. Meyer, *OHADA : Droit de l'arbitrage*, Bruxelles, Bruylant, 2002.

[2] Article 25 de l'Acte uniforme sur le droit de l'arbitrage adopté le 11 mars 1999, in *Journal Officiel OHADA n°08* du 15 mai 1999).

[3] Article 187 du Décret du 7 mars 1960 portant Code de procédure civile, in *Le Moniteur Congolais*, 1960, p. 961.

		arbitrale en vertu d'une décision d'exequatur rendue par le juge compétent dans l'Etat-partie. **Le fait pour les parties de s'en remettre à un organisme d'arbitrage les engage à appliquer le Règlement d'arbitrage de cet organisme, sauf pour les parties à en écarter expressément certaines dispositions**; Lorsqu'un litige, dont un Tribunal arbitral est saisi en vertu d'une convention arbitrale, est porté devant une juridiction étatique, celle-ci doit, si l'une des parties en fait la demande, se déclarer incompétente. Si le tribunal arbitral n'est pas encore saisi, la juridiction étatique doit également se déclarer incompétente à moins que la		manœuvres dilatoires des partenaires peu loyaux. Ce qui est nettement avantageux par rapport à ce qui est prévu dans le système juridique congolais.

		convention d'arbitrage ne soit manifestement nulle; Si la convention d'arbitrage ne fixe pas de délai, la mission des arbitres ne peut excéder six mois à compter du jour où le dernier d'entre eux l'a acceptée. Le délai légal ou conventionnel peut être prorogé, soit par accord des parties, soit à la demandc de l'une d'elles ou du Tribunal		

Conclusion

Comme on l'aura aisément perçu, à travers ces quelques illustrations, l'adhésion de la RDC au droit de l'OHADA est sûrement avantageuse pour les petites entreprises. La RDC accuse un grand retard pour moderniser son droit en général et son droit des affaires en particulier, et cela pour plusieurs raisons, notamment :

- L'absence de démocratie
- Les guerres et autres troubles politiques et sociaux de toutes sortes, empêchant tout travail dans la sérénité ;
- L'absence d'une vision politique et économique prédéfinie et bénéficiant d'une adhésion de la population etc.

Ce retard justifie à suffisance que la RDC ait été obligée, par diverses circonstances et pour plusieurs raisons, voire par contrainte (démocratisation politique obligatoire, transparence dans la gestion de son patrimoine minier et pétrolier, bonne gouvernance politique, économique et financière, création d'un bon climat des affaires etc.) d'adhérer à ce qui est susceptible de lui faire rattraper le temps perdu et offrir ainsi une image plus agréable à la face du monde, à savoir l'adhésion à l'OHADA.

Dans le cadre de la « *Gouvernance sécuritaire de la République démocratique du Congo* » et si l'on veut réellement œuvrer *pour son développement socio-économique,* il faut absolument explorer toutes les possibilités qui s'offrent pour offrir aux jeunes entrepreneurs des alternatives valables leur permettant de s'insérer dans une société où les occasions de s'épanouir économiquement sont nombreuses. Le droit de l'OHADA en est bien une opportunité.

Toutefois, on ne peut pas changer un système comme celui ayant prévalu en RDC comme par une baguette magique. Il y a des préalables incontournables qu'il faut absolument remplir, parmi lesquels on peut citer :

- La nécessité de faire une large et profonde vulgarisation du droit de l'OHADA à travers le pays afin de permettre aux justiciables et aux praticiens du droit d'en maîtriser les grandes articulations. Travail de longue haleine qui prendra de longues et laborieuses années;
- Un travail de fond pour un changement de comportements et un alignement sur les exigences d'un droit des affaires international moderne tourné vers le développement.

Principe de l'intangibilité des frontières héritées de la colonisation à l'épreuve de la nouvelle géopolitique africaine

Germain Ngoie Tshibambe

Les territoires africains accèdent à l'indépendance dans les années 60 dans une conjoncture internationale striée des menaces de toutes sortes. Ces États à peine nés à la souveraineté internationale sont bien vulnérables. En raison de la guerre froide qui sévit sur la scène internationale, ils sont amenés à s'aligner derrière l'un ou l'autre des deux blocs : Est et Ouest. Cet alignement porteur des gains diplomatico-stratégiques pour certains régimes est accompagné de l'augmentation de la vulnérabilité et d'un jeu de déstabilisation des États africains. Ainsi, la création de l'Organisation de l'Unité africaine en 1963 devient une étape importante qui marque la volonté de ces États de se doter d'une institution collective qui puisse réguler leurs relations et les protéger sur la scène internationale. La mesure de ces menaces va se traduire à travers les énoncés discursifs coulés dans le *Préambule* de l'OUA comme par exemple « fermement résolus à sauvegarder et à consolider l'indépendance et la souveraineté chèrement conquises, ainsi que l'intégrité territoriale de nos États, et à combattre le néo-colonialisme sous toutes ses formes ». Dans sa fonction de régulation des relations entre les États africains, l'OUA a adopté lors de la session tenue au Caire du 17 au 21 juillet 1964 la résolution AGH/Res 16(I) sur l'intangibilité des frontières africaines. Cette résolution fait date dans les relations internationales africaines car elle a émis un principe qui devient le socle structurant de la vie des Etats sur la scène diplomatique africaine, de la même manière que l'on peut considérer l'importance du traité de Westphalie de 1648 dans la production de la norme de la souveraineté des États[1]. L'importance de ce principe de l'intangibilité des frontières

[1] Cf. T. Knutsen, *History of international Relations Theory*, 2nd edition, Manchester, Manchester University Press, 1997.

conduit Luc Sindjoun à le considérer comme la pièce maîtresse constitutive du « paradigme d'Addis Abeba » qui va fonder les relations internationales de l'Afrique[1].

Quoi que principe important dans les relations internationales africaines, il n'est pas, selon Sindjoun, le propre de ce continent, loin de là. Dans le droit international, on utilise une expression latine, celle de *l'uti possedetis jus*. « L'*uti possedetis* peut être défini, aujourd'hui, comme le principe selon lequel les frontières établies sous l'empire d'un système disparu doivent être respectées et maintenues par les nouveaux États. Appliqué sous toutes les latitudes et à toutes les époques, il est de portée universelle »[2].

Ce principe s'applique dans les relations interaméricaines : la plupart des États de l'Amérique du Sud ayant accédé à l'indépendance contre l'Espagne et le Portugal au XIXe siècle se sont servis de ce principe pour assurer dans une certaine mesure un certain *statu quo* spatial de manière à sauvegarder l'instantané territorial. « C'est en Amérique du Sud que l'*uti possedetis* a été porté sur les fonds baptismaux. Ce principe fut défini, en 1819, par les Républiques nouvellement émancipées lors du Congrès d'Angostura. Ces jeunes États décidèrent que leurs limites politiques se calqueraient sur celles des anciennes frontières inter et intra impériales, telles qu'elles existaient en 1810 »[3].

Même sur le continent européen, pendant la guerre froide comme après celle-ci, ce principe va servir de fil d'Ariane dans des négociations qui mènent paisiblement par exemple la République tchécoslovaque sur la voie de la scission. Si en juillet de cette année 2013, on va célébrer la quarante-neuvième année de l'adoption de ce principe, il est possible de se poser plusieurs questions. Ainsi, par exemple, quel peut être le bilan de l'application de ce principe sur l'échiquier africain ? Contre quels types de menaces ce principe a-t-il permis aux États africains de se persévérer dans leur être ? En tant que norme juridique, ce

---

[1] Cf. L. Sindjoun, *Sociologie des relations internationales africaines*, Paris : Karthala, 2002.

[2] J.-M. Sorel, et R. Mehdi, « L'*uti possedetis* entre la consécration juridique et la pratique : essai de réactualisation », in *Annuaire français de droit international*, volume 40, 1994, p.14.

[3] Sorel, J.-M. et Mahdi, R., *art.cit.*, p. 14.

principe ne paraît-il pas maintenir à bout de bras une stabilisation de l'État que la réalité méconnaît souvent ? Alors que l'État en Afrique, importé, s'imposait et se construisait à l'ombre de ce principe de l'intangibilité des frontières, cette mise en forme juridique (stato-genèse) n'a-t-elle pas conduit à geler la natio-genèse en ce continent ? Quelques-unes de ces questions vont être abordées dans ce texte.

La généalogie d'un principe : quelle efficacité avec quel bilan ?

Le principe de l'intangibilité des frontières héritées de la colonisation est né des préoccupations sécuritaires des États africains. Alors qu'ils accédaient aux indépendances dans un contexte international marqué par la rivalité idéologique Est-ouest, ces États ont cherché à stabiliser leur construction en induisant le blocage des perspectives de modifications territoriales. Du fait qu'« il n'est pas un seul État africain où ne puisse naître un courant irrédentiste »[1], la remise en cause de l'acquis territorial et spatial apparaissait comme un acte extrêmement hasardeux. À ce compte-là, ce principe a joué un rôle structurant dans la sauvegarde de la configuration cartographique des Etats du continent. Englebert observe à juste titre que depuis les années 1960, « il n'y a pas de changements majeurs aux frontières africaines »[2].

Le projet de construction de l'État en Afrique décolonisée tenait compte de deux types de menaces intra africaines, les menaces extra africaines se modulant à travers les contradictions internes. Le premier type des menaces se décline sous le mode de la crise de légitimité, soit la contestation interne du régime au pouvoir et sous le mode d'éventuelles sécessions. La crise de la légitimité des régimes en place en Afrique est récurrente. États non fondés sur des nations, ceux qui sont au pouvoir ont été confrontés à la délicate problématique de la cohésion nationale ; ils ont été amenés à s'asseoir sur l'ethnicité pour consolider leur pouvoir et affaiblir l'opposition en fermant toute perspective

[1] Boutros-Ghali, B., 1973, *Les conflits de frontières en Afrique*, p. 77.
[2] P. Englebert, *Africa : Unity, Sovereignty and Sorrows*, London and Boulder, Lynne Rienner Publishers, 2009, p. 1.

d'alternance démocratique par la voie des élections. Ce projet africain de construction de l'État, que J.-F. Bayart appelle « la recherche hégémonique »[1] s'est déployé dans la durée sur des aménagements constitutionnels qui ont réduit sensiblement l'équilibre des pouvoirs entre les trois organes (l'exécutif, le législatif et le judiciaire) en renforçant l'exécutif, soit le chef de l'Etat avec pour conséquence qu'entre 1960 et 1970, la plupart des États africains ont abandonné les textes constitutionnels hérités de l'indépendance et ont vu les militaires prendre le pouvoir dans plusieurs pays.

Au lieu de présenter des régimes démocratiques effectifs, viables et enviables, les Etats africains ont offert le spectacle d'être les sites où s'exerce un pouvoir autoritaire, sinon despotique. Edem Kodjo conceptualise ce régime comme « le despotisme obscur », c'est-à-dire « un système politique caractérisé par l'autocratie, l'extrême concentration des pouvoirs entre les mains d'un seul homme, marqué par la quasi-inexistence des libertés fondamentales et l'absence de contre-pouvoirs »[2].

C'est contre ce système qui prévalait en Afrique noire que dans les années 90 les rues ont vibré réclamant la libéralisation des institutions politiques avec la mise en œuvre des conférences nationales. Il importe de noter que la crise de légitimité et la dynamique de la contestation des régimes au pouvoir ont conduit à des coups d'état, sinon à des conflits qui ont émaillé l'histoire de l'Afrique, du nord au sud, de l'Est à l'ouest du continent.

Les menaces d'éventuelles sécessions ont été bien réelles. Elles ont conduit à des conflits qui ont fragilisé beaucoup d'Etats africains. Que des contestations à la légitimité du régime en place prennent la forme de lutte sécessionniste contre le pouvoir central ne peut surprendre : il y a un continuum entre les deux expressions qui traduisent bien la fragilité de l'Etat en ce continent. Dix pays africains ont été le théâtre des conflits liés aux velléités sécessionnistes entre 1960 et 2006 comme l'indique le tableau suivant.

---

[1] J.-F. Bayart, « Le politique par le bas en Afrique noire. Questions de méthode », in *Politique africaine*, n°1, 1988, pp. 53-84.

[2] E. Kodjo, *Et demain l'Afrique…*, Paris, Stock, 1985, p.153

Les conflits de sécession en Afrique (de 1960 à 2013)

Pays	Régions/ provinces	Années de violence
Angola	Cabinda	1991,1994, 1996-1998, 2002,
Comores	Anjouan	2004
RDC	Katanga	1997
	Sud-Kasaï	1960-1962
	Bas-Congo	1960-1962
Ethiopie	Erythrée	2008-2009
	Ogaden	1962-1991
	Afar	1975-1983, 1996, 1998-2002,
	Oromoland	2004-2006
Mali	Touaregs	1989-1991, 1996
Niger	Touaregs	1989-1991, 1999-2006
Nigeria	Biafra	1990, 1994, 2012-2013
	Delta Niger	1992, 1994, 1997
Sénégal	Casamance	1967-1970
Somalie	Somaliland	2004, 2007-2013
Soudan	Sud Soudan	1990-2003
		1989-1991
		1963-1973, 1983-2005, 2010-

Source : Englebert, *op.cit.*, p.16

C'est dans deux pays africains, notamment l'Ethiopie et le Soudan que les revendications irrédentistes ont abouti à la séparation effective, donnant lieu à deux autres pays : l'Erythrée est née en se séparant de l'Ethiopie tandis que le Sud Soudan l'est après s'être détaché du Soudan. La troisième tentative de sécession concerne la Somalie où la partie nord, le Somilaland vit une sécession de facto. Ce dernier État récalcitrant n'est malheureusement reconnu par aucun État africain, cette non-reconnaissance accordant au système diplomatique africain un rôle systémique de blocage, ce qui décourage toute velléité sécessionniste dans d'autres espaces.

Le deuxième type de menaces est à lire sous le prisme de l'expansionnisme des États contre les autres. L'expansionnisme a été le premier facteur de conflits frontaliers en ce continent. Ce type de conflit est favorisé par les tracés de frontières contestés. En fait l'État expansionniste a une attitude un tantinet machiavélique ; généralement, c'est un ancien État empêchant la naissance du nouveau ou tout au moins tente de la réduire en revendiquant une partie de sa population ou simplement une partie du territoire. À titre d'exemple, il suffit de citer les conflits suivants bien connus : le conflit Maroc Mauritanie (1962), le conflit Maroc Algérie, le conflit Ghana Togo, le conflit Ghana Côte d'Ivoire, le conflit Ghana Haute Volta (actuellement ce dernier est le Burkina Faso), le conflit Libéria Côte d'Ivoire, le conflit Cameroun Nigeria, le conflit Zaïre Angola, le conflit Maroc Sahara occidental, le conflit Soudan Tchad, le conflit Libye Tchad, etc. Le socle de l'expansionnisme peut se déployer sous le fond de la rivalité entre les dirigeants politiques ou sous le fond des envies économiques[1].

En recourant au langage de Arnold Woofers, nous pouvons dire que « l'intérêt de milieu » (rivalités personnelles de leadership : Senghor-Houphouet-Boigny, Houphouet-Boigny-Nkrumah) et « l'intérêt de possession » (conflits à fondement économique : Maroc Algérie, Libye Tchad, etc.) sont des variables structurant la dynamique des conflits en ce continent. Certes l'Afrique n'a pas connu des guerres relevant de la politique de puissance comme il en a été le cas en Europe, mais des rivalités de leadership n'en ont pas moins conduit à des tensions et des escarmouches sur l'échiquier africain. Pour réguler les relations entre États africains qui soient à l'abri des tentatives de déstabilisation des uns par les autres Etats, cette préoccupation va se dénouer dans l'énoncé du principe 5 de l'article 3 de la Charte de l'OUA ainsi libellé : « Condamnation sans réserves de l'assassinat politique ainsi que des activités subversives exercées par des Etats voisins ou tous autres États ».

C'est contre ces menaces que le principe de l'intangibilité des frontières a été adopté. Un fait significatif à noter, c'est qu'en 1963 et 1964, deux pays africains s'y sont opposés. Il s'agit du Maroc et de la Somalie ; par la suite, leur comportement diplomatique se déploiera en cherchant à violer les frontières des autres pays limitrophes. Quoi qu'il en soit, ce principe donnera une force systémique, une sorte de « droit de veto » systémique jouant contre les modifications territoriales intempestives. Le constat que fait Englebert lorsqu'il parle des échecs de plusieurs tentatives de sécessions en Afrique devrait s'expliquer à l'aune de ce droit de veto systémique de l'Afrique[2].

---

[1] A. Ba, B. Koffi, et F. Sahli, *L'Organisation de l'Unité africaine. De la charte d'Addis Abéba à la Convention des Droits de l'Homme et des Peuples*, Paris, Silex, 1984, pp.130-131

[2] P. Englebert, *op.cit.*, p. 15.

La fonction juridique et le rôle politique de ce principe

« *L'uti possedetis ius* » a joué ainsi une fonction juridique de régulateur et de stabilisateur dans les interactions entre les États africains les uns avec les autres et entre les États et les sociétés africaines que les premiers régentaient. Cette fonction juridique s'est couplée à un rôle politique consistant à imposer et consolider le modèle étatique jacobin. L'État africain à construire devait se mettre à formater la nation dans l'espace territorial dont il a la compétence souveraine d'exercice du pouvoir. Les espaces territoriaux que les États africains ont hérités à l'indépendance sont des espaces tels qu'ils ont été délimités lors de la Conférence de Berlin où des négociateurs ont réparti des terres en fonction de leurs intérêts bien compris et non en fonction des intérêts des populations qu'ils allaient administrer sous le mode colonial esclavagiste. « Près de 80 % des frontières actuelles recouvrant ce continent sont sans aucun rapport avec les limites traditionnelles, particulièrement ethniques. Le partage opéré par les puissances administrantes a conduit, simultanément, au démantèlement de groupes humains homogènes tandis qu'étaient agrégées, selon une alchimie le plus souvent douteuse, des ethnies autrefois distinctes »[1].

Alors que les populations africaines qui continuent à être confinées dans des frontières coloniales ont leur mémoire propre, celle percevant les frontières non pas comme des lignes de séparation, mais des espaces de déploiement, elles vivent actuellement sous le traumatisme de ces lignes d'enfermement. La colonisation a introduit les « frontières lignes » en lieu et place des « frontières zones » constitutives de l'imaginaire de vie des peuples africains. Les frontières zones ne sont délimitées ni de façon définitive ni linéaire ; elles ont la caractéristique d'être flexibles, mobiles et parfois éphémères. Les frontières lignes ou frontières rigides qui ont un fondement juridico-politique donnent lieu à des bornages, devenant des lignes séparatrices de compétences étatiques territoriales[2]. Les États africains se sont

---

[1] R. Yakemtchouk, cité par J.-M. Sorel, et R. Mehdi, *art. cit.*, p. 30.

[2] Cette distinction des frontières-lignes et frontières-zones vient de R. Yakemtchouk, R., *L'Afrique en droit international*, Paris, Librairie générale de droit et de jurisprudence, 1971, p. 67. Voir aussi J.-L. Amselle, « Ethnies et

rendu compte de l'enfermement frustrant dont les populations africaines continuent à souffrir. Pour sortir de l'état de la représentation des frontières comme des lignes, et donc susceptibles de discriminer les africains entre eux et suivant l'idée de « transnationalisme communautaire » dont parle Sindjoun[1], certains États africains ont adopté des mesures particulières dans le domaine de la circulation des populations vivant aux frontières. Ces populations sont appelées des transfrontaliers ». Ces mesures consistent dans la facilité de mobilité de ces populations jusqu'à une certaine distance de la frontalière. Il n'y a pas de passeport qui soit exigé ; des frais symboliques sont perçus pour obtenir aisément un document appelé « laisser passer ». Ce régime spécial préfigure la mise en œuvre de la politique de la libre circulation des personnes inscrite comme un agenda urgent par toutes les organisations économiques régionales en Afrique.

Dans le cadre de l'Union africaine, un *Programme Frontière* au niveau du continent a été commandé et est en voie d'être mis en œuvre pour soutenir la marche vers la dévaluation des frontières africaines. Ce programme frontière entend faire des frontières en ce continent non pas des barrières qui enferment des populations, mais bien des lignes de partage qui favorisent la libre circulation des personnes.

L'évolution des idées et des politiques programmatiques en Afrique pour autant que ces idées et politiques fortement volontaristes veulent réduire l'importance des frontières dans la vie des peuples africains traduits à coup sûr la prise de conscience des effets pervers joués par les frontières telles qu'héritées de la colonisation. Si donc, ce principe tant chéri a permis de donner une caution politique au déploiement de l'Etat africain, il est de plus en plus dévalué actuellement à l'ère de la mondialisation par la demande renouvelée d'un « nouveau sens » qui participe au ré enchantement du panafricanisme rationalisé. Celui-ci prend en charge les demandes sociétales du continent africain avec des hauts et des bas pour agir lentement en vue sinon des « Etats-Unis d'Afrique », mais du moins des initiatives qui traduisent le vouloir

---

espaces : pour une anthropologie topographique », in J.-L. Amselle et E. M'bokolo, (dir), *Au cœur de l'ethnie. Ethnies, tribalisme et Etat en Afrique*, Paris, Éditions la Découverte, 1985, pp.11-48.

[1] L. Sindjoun, *Op. cit.*

vivre ensemble continental comme l'encouragement de la libre circulation des personnes (au sein de la CEDEAO, de la CEEAC, de la SADEC, etc.) dans le cadre de l'intégration du facteur humain ou l'encouragement de la mise en œuvre des zones de libre échange pour l'intégration des facteurs de production et des services et la circulation des marchandises.

Les nations africaines sont mortes, vive l'État africain !

C'est l'un des effets déstructurants du principe de l'intangibilité des frontières que d'avoir contrarié l'émergence des nations africaines. On l'a déjà dit : ce principe a soutenu le projet des Etats contre les nations africaines. Le dessin des frontières d'origine coloniale s'est fait selon les fantasmes et les ambitions des puissances européennes ayant colonisé les territoires africains qui avaient besoin des espaces, lieux d'exercice du pouvoir et de la domination tandis que les populations ne comptaient pas dans cette équation.

En fait, « près de 80 % des frontières recouvrant ce continent sont sans aucun rapport avec les limites traditionnelles, particulièrement ethniques. Le partage opéré par les puissances administrantes a conduit, simultanément, au démantèlement de groupes humains homogènes tandis qu'étaient agrégées, selon une alchimie le plus souvent douteuse, des ethnies autrefois distinctes[1] ».

Cette chirurgie coloniale de la fabrication des frontières s'est opérée au profit certes des États, mais au détriment des populations africaines. Situation d'aliénation que la dynamique de l'intégration en Afrique dans le cadre de la mondialisation remet en question. La primauté de l'État africain au détriment des populations africaines est explicitée ainsi : « En fait, le succès de l'*uti possedetis* semble lié à la forme étatique qui résulte de son application. L'État, en droit international, est d'abord une conception spatiale de l'organisation politique, c'est « avant tout une manière d'aménager l'espace, de l'organiser de façon relativement stable ». La garantie spatiale offerte par ce principe en fait un principe fondateur d'un nouvel État, la « stato-genèse »

---

[1] J.-M. Sorel et R. Mehdi, *art. cit.*, p. 30.

prime sur la « natio-genèse » et c'est l'État qui est chargé désormais chargé de créer la nation. La défense de ses frontières dans les États issus de la décolonisation devient ambivalente car si la référence coloniale est critiquée, elle sert aussi de principe de légitimité pour affirmer l'État[1] ».

Bien qu'ils aient été renforcés par ce principe, les États africains après plus de cinquante années d'indépendance sont dans une passe délicate. Cette impasse découle de faibles performances qu'ils ont su accomplir sur le plan politique et économique. Sur le plan politique, ces États tombent souvent dans la restauration autoritaire, les différentes vagues de la démocratisation étant incapables d'insuffler des changements profonds pour la gestion efficiente et durable de la libéralisation des institutions publiques. Comparé à ce qui se passe sur d'autres continents, l'état de la qualité de la gouvernance en Afrique est bien médiocre et ne s'est pas amélioré maintenant pas plus qu'il y a dix ans[2]. Sur le plan économique, des États sont devenus des appareils croulant sous le poids de la faillite avec tendance à la prédation (« failure-cum-predation »).

Et Englebert d'écrire à ce sujet : « Most of them, however, have not brought about or facilitated much economic or human development for their populations since independence. Often, they have caused their people much havoc, misery, uncertainty, and fear. With some exceptions, African states have been, mildly or acutely, the enemies of Africans. Parasitic or predatory, they suck resources out of their societies. At the same time, weak and dysfunctional, many of them are unable or unwilling to sustainably provide the rule of law, safety, and basic property rights that have, since Hobbes, justified the very existence of states in the modern world[3] » (Englebert, 2009:1). Alors que les

---

[1] *Ibid.*, p.34.

[2] Voir à ce sujet P. Englebert, *op.cit.*

[3] La plupart d'eux (États), donc, n'ont ni apporté ni facilité plus de développement économique et humain pour leur population. Souvent, ils ont causé à leur peuple beaucoup de ravages, de misère, d'incertitude et de crainte. À quelques exceptions près, les États africains ont été, subrepticement ou brutalement, les ennemis des Africains. Parasitaires ou prédateurs, ils ont siphonné les ressources de leurs sociétés. Au même moment, faibles et dysfonctionnels, la plupart d'eux sont incapables ou sans volonté d'assurer de manière soutenue la règle de droit, la sécurité et les droits de propriété

nations de différents continents sont engagés dans une course fondée sur la compétitivité commerciale, technologique et financière, bousculant ainsi la configuration de la puissance sur la scène internationale avec à côté des puissances industrielles traditionnelles la montée sur les premiers plans des pays émergents, il est symptomatique que de l'Afrique il n'y ait pas beaucoup d'États, sinon un seul, la République d'Afrique du Sud, membre de BRICS (anagramme de Brésil, Russie, Inde, Chine et Afrique du Sud).

Avant le printemps arabe, les projections économiques concernant les performances des États africains faisaient état de l'apparition de huit Etats africains qui se tiraient du lot avec maestria. L'expression « Lions africains » a été ainsi forgée pour caractériser ces huit pays émergents. Il s'agit d'un groupe de pays africains qui ont connu une croissance économique (plus ou 7% par an) à la suite des investissements importants de BRICS. Les « *Lions africains* » sont le Maroc, l'Egypte, la Tunisie, l'Algérie, la Libye, le Botswana, l'Ile Maurice et l'Afrique du Sud[1]. Le Ghana, après l'élection de John Atta Mills a emprunté la voie de la croissance économique et de la stabilité politique, une voie qui s'est vite effacée devant le surplace politique lié au fourvoiement dans lequel le pays s'est plongé après les dernières élections contestées.

La conséquence de ces médiocres performances se fait sentir auprès des populations qui ne se retrouvent pas dans ceux qui les dirigent. La littérature spécialisée parle alors de la crise de légitimité. Mais il y a plus : il s'agit de l'effritement de la cohésion nationale, les populations africaines préférant « éviter l'État[2] ». Ce contournement de l'État est l'expression du divorce entre l'État et la nation en Afrique. Alors que ceux qui trônent sur l'Etat prêchaient de mettre en œuvre des politiques pour construire la nation, le résultat paradoxal est que l'État africain est faible, tandis

---

fondamentaux qui ont, depuis Hobbes, justifié l'existence des Etats dans le monde moderne » (Notre traduction).

[1] Il importe de noter que le renversement de la situation politique dans les pays du monde arabe au nord de l'Afrique conduit à la révisitation du statut des cinq premiers pays cités.

[2] Il s'agit de « l'exit option » dont parle J.-F. Bayart dans la production du pouvoir en Afrique subsaharienne. Cf. J.-F. Bayart, *L'État en Afrique. La politique du ventre*, Paris, Fayard, 1989.

que les nations africaines n'existent pas. Ou si elles vivent, elles se déclinent non pas au niveau de tout l'espace que l'Etat entend régenter, mais au niveau infra étatique que l'État veut effacer. C'est pour cela que des voix dissonantes veulent considérer de reconsidérer ce principe pour le revisiter, lui enlever son caractère absolu et le soumettre à une remise en cause de sorte qu'il saute en tant que camisole qui enferme l'évolution ou la perception de l'évolution politique sur ce continent.

Alors que le système diplomatique africain à l'aune de ce principe donne l'impression de donner raison à la force du droit international, cette impression est une illusion car c'est à la force brute que deux États sont nés de la sécession d'avec d'autres, cette naissance donnant raison à une évolution heurtée. Continent pacifique, l'Afrique ne l'est qu'apparemment. L'Erythrée se sépare ainsi de l'Ethiopie après une guerre entre « deux frères d'armes et de maquis ». Le Sud-Soudan devient indépendant après un long conflit sanglant, terreau de tous les crimes de guerre.

Au Mali, la guerre a eu lieu : sans l'intervention militaire décisive de la France, les États africains auraient pu faire montre d'une triste image d'hésitation et de « diplomatie des caméras », parlant beaucoup et prenant rarement des décisions graves en rapport avec « le droit de combattre » que Raymond Aron considère comme l'attribut ontologique de la souveraineté de l'État[1]. Le Nigeria a été sauvé de la partition grâce à ce principe, mais l'état de la nation en ce pays est plus impitoyable aujourd'hui que jamais. La RDC a été sauvée de la balkanisation ; mais aujourd'hui plus que jamais, les limites dans l'utilisation du pouvoir comme une « technologie de domination » pour augmenter la puissance de « l'État-population », selon Michel Foucault, mettent à rude épreuve et l'État congolais et la nation congolaise. Il n'est pas question de reprendre le terme trop fort de Jean Ziegler de la « proto-nation[2] », mais cela traduit bien l'échec du projet de la construction de la nation sur ce continent.

---

[1] R. Aron, *Paix et guerre entre les nations*, 4e édition, Paris, Calmann-Lévy, 1985, p. 30.

[2] Voir J. Ziegler, *Main basse sur l'Afrique*, Paris, Seuil, 1978.

Conclusion

Le principe de l'intangibilité des frontières adopté par l'OUA dans la conjoncture de la guerre froide a joué un rôle stabilisateur au profit des États qui venaient de naître à la vie internationale. À ce compte-là, il n'y a pas de doute à dégager l'évidence sur la pertinence historique du choix de cette norme. Mais au fil du temps, ce principe devient obsolète ; il démontre son caractère d'enfermement de l'évolution historique des Etats africains. En fait, l'État se construit et cette construction ne peut pas se faire sans heurts et sans violence. Alors que des États démontrent leurs limites, ce principe continue à enfermer les nations et les différentes recompositions constitutives de la dynamique de changement de nature dont l'Afrique est porteuse. L'adage qui dit : « Autre temps, autres gens » est approprié pour rappeler les limites et le dépassement de ce principe.

À l'heure de la mondialisation où ce sont des grands ensembles qui comptent, en cette ère où les frontières physiques sont dédoublées sinon annihilées par des frontières immatérielles où triomphe l'internet, l'émergence des « *netizens*[1] » devient la catégorie conceptuelle du nouvel homme, du nouveau citoyen. Alors que les frontières tombent d'abord dans l'imaginaire des États sous la pression de la mondialisation, il serait aberrant que les États en Afrique s'accrochent tant et encore à ces vieux lambeaux que la technologie moderne ravale. Il ne s'agit pas d'abolir les frontières en Afrique, mais de prendre la mesure de leur enfermement et de leur inutilité tant les enjeux de la compétitivité et la survie des nations mettent au premier plan d'aller au-delà de celles-ci pour procéder à une gouvernance et à la gestion de l'autorité détachée de l'espace territorial unidimensionnel. Il n'y a pas de raccourcis dans l'histoire : il faut s'y faire ou casser.

[1] *Netizen* est la contraction de *net and citizen, citoyen* de l'Internet devenant la nouvelle interface des communications à travers le monde.

Contribution du principe de l'intangibilité des frontières au règlement des différends frontaliers en Afrique : Un instrument qui contribue à la stabilité politico-sécuritaire du continent africain

Boubacar Tankoano

« L'objectivité du chercheur est mise à rude épreuve par ce thème de la frontière »
(Guichonnet et Raffestin)

De manière générale, les États africains ont accédé à la souveraineté internationale dans les années 1957-1960 en succédant aux frontières léguées par les puissances coloniales européennes. Ainsi, dans le but d'assurer le respect du *statu quo* territorial, les États africains vont adopter le 21 juillet 1964 au Caire sous l'égide de l'OUA, la résolution AHG.16[1] consacrant le principe de l'intangibilité des frontières ou principe de l'*Uti Possidétis Juris* qui signifie aussi le maintien des frontières héritées de la colonisation. En effet, en vertu de l'article III, paragraphe 3 de la Charte de l'OUA adoptée le 25 mai 1963, les États africains s'engageaient « au respect de la souveraineté et de l'intégrité territoriale de chaque État » et de « son droit inaliénable à une existence indépendante ».

Cependant, la proclamation de ce principe n'a pas empêché le déclenchement d'un certain nombre de différends frontaliers aussi bien terrestres que maritimes. Ainsi, suite à l'échec des tentatives de règlement politico-diplomatique, plusieurs différends frontaliers opposant des États africains ont été soumis soit à la Cour Internationale de Justice (CIJ) (Burkina-Faso/Mali, Nigeria-Cameroun; Tchad/Libye; Niger/Bénin, Burkina-Faso/Niger) soit à des juridictions arbitrales (Guinée/Guinée Bissau et Guinée Bissau/Sénégal). La liste n'est pas exhaustive.

Notre texte comprendra deux parties. Dans la première, nous nous efforcerons de démontrer que le principe de l'intangibilité des frontières est une règle de droit international général. Dans la seconde, il s'agira d'établir que c'est un principe utilisé par la CIJ ou l'arbitrage international pour trancher les différends frontaliers en Afrique et qui a joué un rôle majeur dans le cadre de la stabilité politique et sécuritaire du continent africain.

1. Un principe de droit international général

Le principe de l'intangibilité des frontières constitue donc une norme de droit international général dont le caractère universel ne peut être contesté parce qu'il a été consacré non seulement en Amérique latine (XIXe siècle sous l'appellation *Uti Possidetis juris*) ; en Asie et en Afrique (XXe siècle) et également en Europe à la suite de l'éclatement de l'URSS et de la Yougoslavie. Dans un premier chapitre, nous montrerons qu'il y a eu transposition, adaptation et complémentarité du principe de l'*Uti possidétis* en Afrique ; dans un second chapitre, nous nous efforcerons de démontrer qu'il s'agit d'une règle de droit international de nature coutumière.

Transposition, adaptation et complémentarité du principe de l'*Uti possidetis juris* en Afrique *(entendu comme principe de l'intangibilité des frontières)*.

Le principe de l'intangibilité des frontières entendu comme *Uti possidetis* résulte du processus de la décolonisation qui affecta de très nombreux territoires du « Tiers monde ». En premier lieu, les États latino-américains et, par la suite, les États afro-asiatiques. Nous examinerons comment le principe est né et a évolué en Amérique latine. Ensuite, il s'agira de voir comment le principe a apparu en Afrique et s'est imposé en Afrique.

Naissance et évolution du principe de l'Uti-possidetis en Amérique latine

Le principe de l'*Uti possidetis* (connu en Afrique sous le vocable « Principe de l'intangibilité des frontières »), adopté dans les années 1810 par les États sud-américains, signifie que la succession aux frontières des anciennes colonies est fondée soit sur des titres coloniaux, légués par l'Espagne, en l'occurrence les ordonnances, les ordres royaux et décrets, soit sur les traités conclus entre l'Espagne et le Portugal. Il n'y a pas de doute que l'*Uti possidetis* est un principe de nature politique à sa naissance dont le rôle dans les relations internationales contemporaines a été essentiel, dans la mesure où il a manifestement inspiré la conduite de très nombreux États latino-américains, asiatiques et ensuite africains issus de la décolonisation. Il n'est pas inutile de rappeler cependant que lors de l'adoption de l'*Uti possidetis* par les États latino-américains au début du XIXe siècle, l'objectif recherché était notamment d'empêcher une nouvelle colonisation européenne. Donc, sur le plan politique et stratégique, l'affirmation du principe constituait un avertissement adressé tant à l'Europe qu'aux États- Unis pour leur signifier_qu'il n'y a plus de terre re-colonisable en Amérique latine comme pour dire que toute l'Amérique était effectivement occupée. D'autre part, l'adoption du principe signifiait la non remise en cause des frontières de façon unilatérale et par la force. Ainsi, politique à son origine, le principe de l'*Uti possidetis* s'est imposé comme un instrument juridique de règlement des conflits territoriaux en Amérique latine.

L'apparition et la signification du principe en Afrique

Lorsque les États africains se sont affranchis du joug colonial, un système juridique riche, accompli et expérimenté dans un autre continent s'offre à eux. C'est en se sens qu'il faut comprendre la transposition, l'adaptation et la complémentarité du principe de l'*Uti possidetis* en Afrique. Cela dit, nous examinerons d'abord les positions contradictoires des Etats africains avant l'adoption du principe. Nous nous pencherons ensuite sur la signification du principe dans les relations inter africaines.

Les positions contradictoires des États africains avant l'adoption du principe.

Au moment des indépendances africaines, trois prises de position divisaient les chefs d'États africains. Comme l'a si bien mentionné E.M. Buyinga: « Au moment de la création de l'OUA en mai 1964, les hommes d'État africains ayant pris connaissance du danger résultant de la multiplication des contestations territoriales, essayèrent de résoudre ce problème en préconisant trois solutions nourries d'arrière-pensées contradictoires : le maintien du statu quo frontalier, la révision des frontières coloniales sur la base des nationalités et la constitution des Etats Unis d'Afrique »[1].

La première position majoritaire était revendiquée par les États du Groupe de Monrovia dit « modérés » qui prônaient le maintien du *statu quo* territorial et défendaient une thèse qui reposait sur deux idées principales : d'abord, malgré leur caractère arbitraire et artificiel, les frontières africaines constituent un fait accompli et une réalité tangible ; ensuite, une éventuelle rectification des frontières conduirait le continent à des guerres interminables[2]. La deuxième position était revendiquée par des États comme la Somalie qui soutenait la thèse de la révision des frontières sur la base des nationalités. Le Maroc a soutenu cette thèse dans la mesure où son objectif était la réalisation et la sauvegarde de son intégrité territoriale dans le cadre de ses frontières authentiques.

La troisième position visait la réalisation des Etats-Unis d'Afrique. Pour les partisans de cette thèse, cette voie aurait eu l'avantage d'apporter une solution définitive aux différents problèmes soulevés par les frontières issues de la colonisation. Cette thèse reposait sur une série d'arguments à la fois politique, économique, stratégique et militaire et se situait dans le cadre d'un projet politique tendant à transcender les cadres territoriaux coloniaux en vue de la formation des grands ensembles économiques viables qui se regrouperaient ensuite sous la forme d'union politique fédérale. En fin de compte, pour des raisons de réalisme, de pragmatisme et de nationalisme de la majorité

---

[1] Cf. E.M. Buyinga, *Panafricanisme et néo-colonialisme,* 2e éd.1979, p. 595.
[2] Boutros Boutros Ghali, *Les conflits de frontière en Afrique,* 1972 pp. 11-12.

écrasante des chefs d'États africains, c'est le *statu quo* territorial qui a triomphé, c'est-à-dire le respect des frontières coloniales héritées de la colonisation. La consécration du *statu quo* territorial a été réalisée à travers la charte de l'OUA du 25 mai 1963 dans ses articles 2 et 3 et leur aliéna 3 respectif qui visaient deux objectifs principaux : il s'agissait d'abord de préparer le terrain pour le respect des frontières héritées, et ensuite consolider l'entité étatique nationale de chaque État tant sur le plan interne qu'externe. La seconde consécration du principe de l'intangibilité des frontières s'est faite grâce à l'adoption de la résolution précitée AHG 16 (1) adoptée au Caire le 21 juillet 1964.

Le principe découle d'une règle de droit international général

L'évolution du principe dans le sens de la formation d'une norme obligatoire de nature coutumière pour les États africains n'est pas l'aboutissement de leur simple consentement formel. En effet, nous nous efforcerons de démontrer que ce principe, bien que d'origine politique est devenu une règle de droit international coutumier parce que sa proclamation et son adoption se justifient par une conviction juridique de sa nécessité pour les Etats africains. Ensuite, le respect du principe se justifie par une pratique générale de ces États à travers le comportement de la majorité écrasante d'entre eux.

La proclamation et son adoption se justifient par une conviction juridique de sa nécessité pour les Etats africains

Il convient de souligner que contrairement à l'ordre traditionnel des deux éléments de la coutume (matériel et psychologique), en ce qui concerne le principe de l'intangibilité des frontières, c'est le second élément, « l'opinion juris » qui vient avant l'élément matériel. En effet, avant l'adoption du principe en 1964 sur la base de l'article 3 aliéna 3 de la charte de l'OUA précitée, celle-ci a été précédée de plusieurs déclarations concordantes de chefs d'État et de gouvernement[1]. Toutes ces Déclarations ont trait au respect strict des frontières héritées de la

[1] Voir déclarations des chefs d'État et de gouvernement au Sommet d'Addis Abeba, mai 1963.

colonisation. Un an après cette conviction a été confirmée par l'adoption de la résolution AHG (16) 1 précitée sur l'intangibilité des frontières africaines. Il serait descriptif de citer les extraits de la majorité écrasante des discours des chefs d'États et de gouvernement au sommet de la création de l'OUA qui convergent tous dans le même sens, à savoir le maintien des frontières issues de la colonisation. À quelques exceptions près, il faut mentionner les réserves du Maroc et de la Somalie qui n'ont diminué en rien la force juridique obligatoire de la résolution AHG (16) 1 relative à l'intangibilité des frontières africaines.

Il résulte de ce qui précède qu'on peut se permettre d'affirmer que les dirigeants africains lors de la création de l'OUA et de la rédaction de la résolution AHG (16) 1 étaient vraiment animés de la conviction de protéger les frontières héritées de la colonisation.

Le respect du principe se justifie par une pratique générale des Etats à travers le comportement de la majorité écrasante d'entre eux

M. Virally considère que la distinction des deux éléments de la coutume est classique. Pour lui, l'élément matériel ou le « corpus » consiste en une concordance d'actes susceptibles de montrer l'existence d'un consensus[1]. En réalité, les précédents coutumiers se justifient par des comportements d'autorités étatiques présentant une signification juridique objective pouvant être interprétés comme des actes de reconnaissance d'une règle de droit déterminée. Ainsi lorsque ces cas de reconnaissance sont suffisamment diversifiés, ils provoquent la formation d'un consensus général avec l'apparition duquel la règle coutumière se trouve enfin formée. Il sied de noter que la doctrine admet qu'une pratique unanime des Etats n'est pas exigée pour entraîner la formation d'une règle coutumière. En effet, il faut une pratique générale mais pas universelle. Cependant, une simple majorité des États n'est pas suffisante. Ce fut le cas en Amérique latine et en Afrique pour ce qui concerne l'*Uti possidetis juris* entendu comme principe de l'intangibilité des frontières. En effet, il est incontestable que sur les continents sud américain et africain,

---

[1] Virally « *Le rôle des principes dans le développement du droit international* », in *Mélanges Guggenheim*, 1968, p. 550.

l'expression de cette pratique est formulée par les États eux-mêmes. Aussi bien leur comportement vis à vis du principe que les Traités frontaliers conçus depuis les indépendances jusqu'à nos jours et les compromis conclus en vue du règlement judiciaire de leurs différends frontaliers peuvent être analysés comme autant des preuves de cette pratique régulière et concordante.

Nous pensons qu'il serait très exhaustif et descriptif de citer toute la pratique africaine à ce sujet. En tout état de cause, elle correspond au concept et à l'affirmation du principe. Cependant, des exemples méritent d'être cités. Ceux de l'Algérie et du Niger. Les pratiques de ces deux pays vis à vis de tous leurs voisins et leurs efforts soutenus d'apurer leurs contentieux frontaliers de par leur participation fréquente et significative dans leurs démarches de médiation dans certains conflits. Ces deux Etats ont pu apporter un concours appréciable dans le renforcement de la pratique africaine au respect des frontières coloniales et de leur intangibilité. Il résulte de ce qui précède que la règle coutumière est ainsi formée, dans la mesure où elle résulte d'une proclamation du principe qui provient de sa nécessité et d'une pratique générale émanant d'une majorité écrasante des Etats. Cette répétition de précédents est confortée par la proclamation officielle de la valeur obligatoire du principe de l'intangibilité figurant dans une recommandation de la commission de bons offices siégeant à Libreville dans le cadre du conflit somalo-éthiopien en date du 5 août 1977.

La commission réaffirme les dispositions de la résolution AHG (16) 1 et de la résolution AHG 27 (II) qui engagent les Etats membres à respecter les frontières existant au moment de l'indépendance ainsi que l'adhésion aux principes sacro-saints de l'inviolabilité, de la souveraineté et de l'intégrité territoriale des États membres. À partir donc des deux résolutions précédentes, il apparaît à l'évidence qu'une règle coutumière était codifiée et respectée en tant que telle par la majorité écrasante des États africains. Cette pratique du respect des frontières héritées de la colonisation fut observée et continue de l'être également par les États latino-américains et asiatiques. En outre, il est important de noter que le fondement juridique obligatoire du principe de l'intangibilité des frontières a été renforcé et codifié par les conventions de Vienne de 1960 sur le droit des *Traités* et de 1978 sur la succession d'États en matière de *Traités*, ainsi que de nombreux traités bilatéraux conclus entre les Etats. Enfin il est important de souligner que la CIJ dans son arrêt rendu le 26 décembre 1986 au sujet du différend frontalier Burkina Faso/Mali a mis fin à une controverse doctrinale en démontrant que : « le principe de l'intangibilité des frontières est une règle de droit international général applicable à tout phénomène de décolonisation d'où qu'il se manifeste »[1].

2. Un principe utilisé par la CIJ et l'arbitrage international pour trancher les différends frontaliers en Afrique.

Dans cette seconde partie de notre exposé, nous nous efforcerons de montrer que le principe de l'intangibilité des frontières est une règle de droit utilisée par la CIJ et les tribunaux arbitraux pour régler les différends frontaliers qui leur ont été soumis par les États africains, contribuant ainsi à la stabilisation politico sécuritaire du continent. Cela dit, nous verrons que l'application du principe de l'intangibilité des frontières par le juge et l'arbitre international pour trancher les différends frontaliers signifie qu'ils doivent analyser les éléments d'ordre juridique et /ou matériel contenus dans ce principe, à savoir les titres juridiques, les effectivités, les cartes et avoir en dernier lieu recours à l'équité *infra legem* lorsque les trois premiers éléments invoqués par les deux États en conflit à l'appui de leur thèse respective ne sont pas suffisants pour trancher le différend.

Les titres juridiques et les effectivités vu leur importance dans la hiérarchisation des éléments de preuve constituent des éléments de base, les cartes n'ayant qu'une valeur probante et l'équité infra legem qui seront examinés par la suite constituent des éléments supplétifs. L'application du principe ne peut se faire aveuglement car il est confronté à des difficultés objectives (l'imprécision des titres juridiques, l'absence parfois d'effectivités coloniales, l'absence ou l'imprécision des cartes) et subjectives : le jeu et le comportement des États[2]. Nous verrons ensuite que le

---

[1] Cf. *Recueil des arrêts de la Cour internationale de justice*, 1986, p. 25.

[2] Boubacar Tankoano *Le principe de l'intangibilité des frontières et le règlement des différends frontaliers en Afrique de l'Ouest (Uti possidetis juris et réalités du*

principe à travers son application pour trancher les différends frontaliers en Afrique a ainsi contribué à la stabilisation politico-sécuritaire du continent.

Essai d'analyse des éléments d'ordre juridique et/ou matériel contenus dans le principe

Les éléments de base

Dans l'arrêt rendu par la CIJ relatif au différend frontalier Burkina Faso/Mali le 26 décembre 1986, le juge international a jugé que « les titres juridiques et les effectivités constituent les éléments de base à la mise en oeuvre de l'*uti possidetis juris* (principe de l'intangibilité des frontières) et qu'il existe une relation juridique entre les effectivités et les titres »[1].

Il résulte de ce qui précède que la primauté du titre juridique sur les autres moyens de preuve est de plus en plus confirmée par la jurisprudence dans le cadre du règlement des différends territoriaux. Le juge international dans l'arrêt précité relatif au différend frontalier Burkina Faso/Mali a soutenu que « l'*uti possidetis juris* accorde au titre juridique la prééminence sur la possession effective comme base de souveraineté »[2]. En effet, en présence d'un titre juridique clair et précis, autrement dit dont la valeur et la force juridique obligatoire sont incontestables, les autres moyens de preuve invoqués par les parties n'auront qu'un rôle secondaire. D'une manière générale, nous verrons que les titres juridiques résultent essentiellement des traités, mais aussi des titres écrits coloniaux.

Les Traités

Les Traités de frontières sont soit issus de la succession d'États, c'est-à-dire des conventions conclues entre les puissances coloniales (Grande-Bretagne, France, Belgique et Portugal) ; soit des conventions conclues entre deux États africains en vue de la

---

droit international contemporain). Thèse de doctorat soutenu à l'université Paris Panthéon, le 26 mars 1994 pp.94 et 95.

[1] *Cour international de justice, Recueil des arrêts, Op. cit.* Paragraphe 36.

[2] Ibid., Paragraphe 16.

délimitation, de la matérialisation et du bornage de leur frontière commune. Il sied en effet de souligner que la force juridique de ces traités tire leurs fondements dans les articles 62 de la Convention de Vienne sur le droit des traités et l'article 11 de la convention de Vienne sur la succession d'États en matière de traités qui stipule que « une succession ne porte pas atteinte en tant que telle à une frontière établie par un traité, ni aux obligations et droits établis par traités et se rapportant au régime d'une frontière »[1].

Les titres écrits coloniaux

D'une manière générale, il faut entendre par titres écrits coloniaux, les textes législatifs (Lois adoptées par les parlements européens) et réglementaires (décrets, arrêtés et leurs errata, des lettres et des circulaires administratives) adoptés par une puissance coloniale pour délimiter les limites territoriales de deux de ses colonies. C'est le cas de la France dans l'ex-Afrique occidentale française et l'Afrique équatoriale française. Au vu de ce qui précède, lorsque deux États africains soumettent leur différend frontalier à la CIJ ou à un Tribunal arbitral, en cas d'absence de traité délimitant la frontière, le juge ou l'arbitre international doit examiner les titres écrits coloniaux, s'ils sont clairs et précis, le tracé frontalier peut aisément être défini. Au cas où le Traité et les titres coloniaux sont imprécis et ne déterminent pas de façon exacte l'étendue territoriale sur laquelle ils portent, la CIJ ou le tribunal arbitral sera amené à interroger le comportement des autorités coloniales dans le but de dégager la portée de ces titres pour indiquer comment ils sont interprétés dans la pratique. Autrement dit, il doit avoir recours aux effectivités coloniales.

Les effectivités coloniales

Elles peuvent être définies comme étant le comportement de l'exercice effectif de l'administration de la puissance occupante pendant la période coloniale. Dans leur différend frontalier, outre les titres écrits coloniaux, le Mali et le Burkina Faso ont invoqué à l'appui de leur thèse respective les effectivités coloniales. La CIJ a

---

[1] Convention de Vienne sur la succession d'États en matière de Traités, 1978.

estimé que puisque les titres juridiques invoqués par les deux parties ne sont pas de nature à faire apparaître de façon précise l'étendue territoriale sur laquelle ils portent, elle a eu recours aux effectivités car selon la CIJ, elles peuvent alors jouer un rôle essentiel pour indiquer comment les titres sont interprétés dans la pratique car en général, il existe une relation juridique entre les titres et les effectivités. Il est important de noter que dans le cadre du différend frontalier Burkina Faso/Mali, il y avait deux secteurs importants de la frontière qui étaient l'objet du différend : le secteur des quatre villages et celui du Beli. C'est sur la base de l'interprétation des titres juridiques en relation avec les effectivités coloniales que la CIJ a tranché ce différend frontalier en attribuant au Mali le secteur des quatre villages et la zone du Beli au Burkina Faso[1]. Cette jurisprudence a été confirmée par le juge international car dans l'arrêt qu'il a rendu en 2005 au sujet du différend frontalier Bénin/Niger, la CIJ a attribué l'Île de Lete, l'objet principal du différend au Niger, sur la base des effectivités coloniales et du Twalweg (méthode de délimitation fluviale qui fait passer la frontière fluviale dans son chenal le plus navigable, c'est à dire où les eaux du fleuve Niger sont les plus profondes).

Les éléments supplétifs

Il s'agit des cartes qui n'ont qu'une valeur probante sauf si elles sont annexées à un traité, ce qui leur confère dans ce cas une valeur juridique obligatoire. Le second élément est le recours à l'équité *infra Legem.*

La valeur probante de la cartographie

Dans plusieurs différends frontaliers qui ont opposé des États africains, des cartes ont souvent été utilisées par certains États pour appuyer leur thèse respective. Cependant, la doctrine et la jurisprudence n'accordent en général qu'une valeur juridique relative aux cartes et les considère essentiellement comme des éléments de preuve à caractère subsidiaire. Dans son ouvrage de droit international public, le Professeur Rousseau a

---

[1] Cf. « *Affaire du différend frontalier Burkina Faso/Mali* », Cour internationale de justice, Recueil des arrêts 1986, paragraphe 65.

écrit ce qui suit : « En général, la jurisprudence n'accorde qu'une valeur très limitée aux cartes et elle accueille avec réserve les indications fournies par celles-ci même si elles possèdent un caractère officiel (cartes publiées par un gouvernement) »[1]. Dans l'arrêt précité relatif au règlement du différend frontalier Burkina/Faso/Mali, la CIJ a confirmé la position du Professeur Rousseau en soutenant que « en matière de délimitation de frontière ou de conflit territorial, les cartes ne sont que de simples indications plus ou moins exactes selon les cas, elles ne constituent pas à elles seules et du seul fait de leur existence un titre territorial, c'est-à-dire un document auquel le droit international confère une valeur juridique intrinsèque aux fins de l'établissement des droits territoriaux . Les cartes n'ont de valeur comme preuve à caractère auxiliaire ou confirmative, ce qui exclut également la possibilité de leur conférer la qualité de présomptions *juris tantum* ou réfrangibles, ayant pour effet de renverser le fardeau de la preuve »[2].

C'est pourquoi les cartes doivent réunir un certain nombre de conditions pour qu'elles soient prises en considération: d'abord l'attitude des parties en conflit ou d'une partie à l'égard d'une carte peut conférer à celle-ci une valeur probatoire et ensuite lorsque la carte est annexée à un traité délimitant une frontière, cela lui confère une valeur juridique équivalente audit traité. C'est pourquoi, dans l'affaire des parcelles frontalières qui avait opposé la Belgique et les Pays-Bas, le juge Ugon a soutenu que « la carte a été prise en compte parce qu'elle a été annexée à la convention conclue entre les deux parties, laquelle lui attribue la même force et la même valeur qu'une disposition conventionnelle »[3].

Le recours à l'équité infra legem

Il sied de noter que lorsque les titres juridiques, les effectivités coloniales et les cartes invoquées par deux Etats à

---

1 Cf. « Affaire Burkina Faso/Mali », in *Cour internationale de justice, Recueil des arrêts 1986,* paragraphe 56.

2 *Ibid.*, paragraphe 57

3 Cf. « Affaire des parcelles frontalières Belgique/Pays-Bas », in *Cour internationale de justice, Recueil des arrêts 1959*, p. 225.

l'appui de leur thèse respective dans le cadre d'un différend frontalier qui les oppose, et que ces éléments de preuve ne sont pas en mesure de déterminer de façon précise le tracé frontalier ; la CIJ ou le tribunal arbitral peut avoir recours à l'équité, mais sous sa forme infra-legem, c'est à dire l'équité qui rentre dans le cadre d'une saine application du droit. Ainsi, le juge ou l'arbitre international, de par sa tâche, est appelé à en tenir compte dans la mesure compatible avec le respect du droit.

Il sied de noter que l'équité *infra legem* a été appliquée surtout en Amérique latine pour trancher les différends territoriaux. Cette forme d'équité a également été utilisée par la CIJ et les tribunaux arbitraux dans le règlement des différends frontaliers aussi bien maritimes que terrestres.

Dans l'arrêt précité relatif au règlement du différend Burkina Faso/Mali, s'agissant de la délimitation de la frontière dans les zones des mares de Soum et d'In-Abao, la Cour a jugé que d'une part en l'absence d'indications précises dans les textes invoqués par les deux parties, quant à l'emplacement de la ligne frontière, celle-ci doit diviser la mare de Soum en deux de façon équitable. D'autre part, la Cour aura le même raisonnement concernant la mare d'In-Abao. Après avoir analysé tous les textes y relatifs, le juge international parvient à la même conclusion et décide également qu'en l'absence d'indications plus précises et plus fiables sur la relation entre la région frontalière et la mare d'In-Abao, la frontière doit passer au milieu de la dite mare[1].

Il résulte de ce qui précède que la mise en oeuvre du principe de l'intangibilité des frontières se heurte à un certain nombre de difficultés objectives : d'une part, l'imprécision de certains titres juridiques, la relativité des effectivités coloniales, la valeur incertaine des cartes ; et, d'autre part, des difficultés subjectives liées au jeu et au comportement politiques de certains États pour refuser l'application de l'arrêt de la CIJ.

Dans son verdict relatif au règlement du différend frontalier terrestre et maritime ayant opposé le Cameroun au Nigeria, la CIJ a jugé en premier lieu que la frontière terrestre entre le Cameroun et le Nigeria avait été fixée par les traités intervenus à l'époque coloniale dont elle a confirmé la validité, écartant ainsi les

---

[1] « Affaire du différend frontalier Burkina Faso/Mali », in *Cour internationale de justice, Recueil des arrêts 1986, op.cit.* paragraphe 89.

effectivités invoquées par le Nigeria car elles avaient été contestées par le Cameroun. Par voie de conséquence, la CIJ a jugé que par application de la Convention anglo-allemande du 11 mars 1913, la souveraineté de la Presqu'île de Bakassi est camerounaise. Par contre, s'agissant des sept secteurs relatifs à la frontière terrestre entre le lac Tchad et la borne 64, dans de nombreux cas, les solutions retenues ont été favorables au Nigeria[1]. Mais à travers son comportement, le Nigeria s'opposait à la matérialisation de l'arrêt de la CIJ sur le terrain. Il a fallu l'intervention des Nations-Unies pour s'impliquer en offrant ses bons offices qui ont permis l'application de l'arrêt de la CIJ pour parvenir à la délimitation et à la matérialisation de la frontière terrestre et maritime entre les deux États.

La stabilisation politico sécuritaire du continent

Contribution du principe à la stabilisation politique du continent

Il est clair que la mise en oeuvre du principe de l'intangibilité des frontières à travers d'une part de nombreuses conventions de délimitation, de démarcation et de bornage des frontières conclues entre plusieurs Etats africains et d'autre part par les arrêts rendus par la CIJ dont notamment les arrêts relatifs au règlement des différends frontaliers Libye/Tunisie ; Burkina Faso/Mali (1986), Tchad/Libye (1994), Nigeria/Cameroun (2002), Niger/Bénin (2005), Botswana/Namibie (1998) ont contribué à la stabilisation politique de plusieurs régions de l'Afrique de l'Ouest , centrale et australe et aussi de l'Afrique du Nord. Cela a permis d'une part de raffermir les liens de coopération et de bon voisinage entre plusieurs États voisins et d'autre part de jeter les bases pour la création de grands ensembles économiques sous-régional dont notamment la CEDEAO et l'UEMOA en Afrique de l'Ouest la CEEMAC en Afrique centrale et la SADEC qui regroupe aussi bien des États d'Afrique centrale et australe.

---

[1] Cf. « Affaire du différend frontalier terrestre et maritime Cameroun/Nigeria », in *Cour internationale de justice. Recueil des arrêts 2002*. Déclaration du Président de la CIJ.

Contribution du principe à la sécurisation de certaines régions du continent africain

Il est important de souligner que notre étude a démontré que l'Afrique de l'Ouest est un terrain d'expérimentation du principe de l'intangibilité des frontières compte tenu de nombreuses conventions de délimitation, de démarcation et de bornage des frontières conclues entre plusieurs États africains et d'autre part par les arrêts rendus par la CIJ. En plus, c'est la partie de l'Afrique où les États ont eu le plus recours à la CIJ et aux tribunaux arbitraux pour régler leurs différends frontaliers. Par contre si cela est moins vrai pour l'Afrique centrale, il est important de souligner que l'arrêt précité rendu par la CIJ le 10 octobre 2002 pour trancher le différend frontalier terrestre et maritime qui avait opposé le Cameroun au Nigeria (Avec la Guinée équatoriale comme intervenant pour défendre ses droits au niveau d'un point triple) a sans aucun doute contribué à stabiliser, du point de vue sécuritaire, les territoires des deux pays, et par ailleurs le territoire équato-guinéen ; et, globalement, toute l'Afrique centrale. Car si une guerre avait opposé le Nigeria au Cameroun, celle-ci aurait engendré des conséquences sécuritaires incalculables.

Conclusion

Elle sera axée sur des recommandations aux États Africains en général et à la RDC en particulier qui est un pays post conflit. Nous suggérons aux Etats confrontés aux différends frontaliers à saisir par voie de compromis la CIJ lorsque les Commissions mixtes ne parviennent pas à trouver une solution juridique définitive. À notre connaissance, il existe un différend frontalier d'une part entre la RDC et l'Angola au niveau du territoire de Kahemba qui avait refait surface en 2007 et d'autre part entre la Zambie et la RDC au sujet de la souveraineté de l'isthme (portion de terre) de Kapingu, approximativement à 240 Km au Sud de Moba (Nord-Katanga). Bien que cette portion de terre soit sous le contrôle des forces navales de la RDC au niveau du Lac Moero, il a été rapporté par ailleurs que des soldats zambiens visitent de temps en temps cette zone avec leurs tanks. Certes, la RDC et l'Angola d'une part et la RDC et la Zambie d'autre part ont mis en place des commissions mixtes de délimitation de leurs frontières communes. La pratique en la matière a montré que lorsque deux États mettent en place une commission mixte de délimitation, de démarcation et de bornage de leur frontière suite à un différend, il est toujours prévu une clause selon laquelle, « en cas de divergence d'interprétation des documents d'ordre juridique et/ou matériel invoqués par les deux pays à l'appui de leur thèse respective, les deux parties doivent recourir à un arbitrage international pour trancher définitivement leur différend ».

Il est important de souligner que le plus souvent, certains États africains ne veulent pas soumettre leur différend frontalier à un arbitrage international, parce qu'ils ne sont pas prêts à perdre certains territoires regorgeant de richesses minières, du pétrole et du gaz. Par ailleurs, certains États africains refusent de régler leur différend frontalier par la voie judiciaire car par leurs jeux et comportements, ces États utilisent ces conflits frontaliers lorsqu'ils sont confrontés à des problèmes internes avec leur population. C'est ainsi qu'ils attisent ces conflits pour endormir leur population en leur demandant d'être nationalistes pour défendre leur patrie. Nous suggérons aux États africains qui ont des différends frontaliers avec leurs voisins de soumettre leur différend frontalier à la CIJ ; car le Secrétaire Général a créé en 1999 un Fonds spécial pour aider les États du Tiers-monde à régler de façon pacifique leurs différends frontaliers. Ces Fonds, dont ont bénéficié de nombreux pays africains permettent de couvrir largement les frais et honoraires des Avocats et Conseils, de voyage et de reproduction des mémoires et contre mémoires à déposer à la CIJ.

Dans tous les cas, il vaut mieux un long procès qu'une courte guerre. Nous allons conclure notre exposé par une réflexion de André Siegfried sur le thème de la frontière : « Le sujet, avouons-le, est dangereux pour un savant ; car il est tout pénétré de passions politiques, tout encombré d'arrière-pensées. Les gens ont trop d'intérêt en jeu pour en parler de sang froid : le malentendu est permanent. On croit parler de droit international et l'on rencontre les juristes de Philippe le Bel... sur ce terrain, il faut une singulière force d'âme pour s'en tenir à un parfait loyalisme intellectuel, sans lequel il n'est pas de science digne de ce nom »[1].

[1] A. Siegfried, « Préface » à J. Ancel, *La géographie des frontières, 1938*

CONCLUSION
Appel de Lubumbashi à la nation congolaise

Du 18 au 19 mars 2013, à Lubumbashi, le Ministère provincial de l'intérieur du Katanga et l'École supérieure de la gouvernance économique et politique (ÉcoPo) ont organisé des journées scientifiques intitulées « *Frontières et gouvernance sécuritaire pour le développement économique de la République Démocratique du Congo* ». Ces journées ont été placées sous le patronage de Son Excellence Moïse Katumbi Chapwe, Gouverneur de la Province du Katanga.

Les assises de Lubumbashi ont rassemblé les personnalités venues des institutions universitaires, de l'Administration publique, des églises, des organismes internationaux, des organisations non-gouvernementales des droits de l'homme ; personnalités auxquelles se sont jointes des acteurs économiques et politiques, des professionnels et des étudiants.

Nous les Participants,

Au terme de ces assises de deux jours, il nous a paru nécessaire et urgent, de lancer un *Appel à la Nation congolaise*, pour la mobilisation de nos élites, de nos concitoyens, autant qu'aux acteurs amis ou partenaires de la République Démocratique du Congo.

Nous, participants aux assises de Lubumbashi avions pour objectif de porter un autre regard sur les questions en rapport avec les défis et les enjeux de la gouvernementalité des frontières, de la gouvernance sécuritaire et du développement économique de notre pays, la République démocratique du Congo.

Nous souhaitons que les différents acteurs congolais s'impliquent dans la matérialisation de l'appel du Chef de l'État, Son Excellence Joseph Kabila Kabange, pour une concertation nationale aux fins de la protection de notre pays contre les agressions, les pillages des ressources naturelles et les tentatives de balkanisation ; pour la restauration de la paix durable et la consolidation de la cohésion nationale.

Nous réaffirmons l'unité de la République démocratique du Congo, l'intangibilité de ses frontières et la légitimité de ses institutions démocratiquement installées.

Au regard des communications et des échanges dans les trois tables rondes des assises, nous les participants,

EN APPELONS :

- à la nécessité pour nos élites et pour notre peuple à se réapproprier stratégiquement les éléments de notre Histoire et de notre espace national, territoire singulier qui a vocation de jouer un rôle naturel de leader dans la recomposition géostratégique à la jonction des Afriques centrale, australe, orientale et occidentale;

- à la poursuite des efforts de rationalisation et de consolidation de l'État, qui passe par la réhabilitation de principaux leviers de l'État (armée, police, services de sécurité, diplomatie, Administration publique, etc.), et par la décentralisation : deux conditions nécessaires de la mise en place d'une politique plus efficace dans la gestion de nos frontières ;

- à la construction d'une culture dynamique d'entreprenariat, basée sur la bonne gouvernance économique, l'innovation et l'ouverture aux marchés internationaux ;

- à la poursuite des efforts de rationalisation de la certification et de la traçabilité de nos ressources minières, autant que la promotion de l'industrie extractive nationale de transformation de nos produits miniers (cuivre, cobalt, l'or, coltan et cassitérite) à la manière du processus du Kimberley pour le diamant ;

- à la mise en place d'un centre d'études transdisciplinaires et stratégiques, avec pour objectif la prise en compte par le pouvoir politique de la production des savoirs et expertises, dans la définition des politiques générales et des enjeux géostratégiques du pays. Ainsi avons, nous les participants, adoptés et lu publiquement cet Appel, à Lubumbashi, le mardi 19 mars 2013.

Pour les Participants aux assises de Lubumbashi,
Professeur Eddie Tambwe

Annexes :

Allocutions et discours prononcés
À l'occasion des Journées scientifiques

Allocution du Révérend Père Jean-Claude Ngoy, Provincial des Salésiens de Don Bosco, Province de l'Afrique centrale

- Excellence Monsieur le Vice-Gouverneur de la province du Katanga,
- Messieurs les Ministres,
- Monsieur le Directeur Général de l'ÉcoPo,
- Révérendes Sœurs,
- Révérends Pères,
- Mesdames, Messieurs les invités, en vos qualités et titres respectifs,
- Chers étudiants,

Je prends la parole devant vous pour dire la joie de l'Asbl Œuvres de Don Bosco de vous accueillir à l'École supérieure de la gouvernance économique et politique. Je dis merci à chacun d'entre vous pour sa présence à cette activité académique que le Ministère provincial de l'intérieur du Katanga a accepté d'organiser avec notre école supérieure de la gouvernance économique et politique.

Je remercie de façon particulière son Excellence Monsieur le Gouverneur de la Province du Katanga, Moïse Katumbi Chapwe, qui a marqué son accord, à la demande du Directeur Général de l'ÉcoPo, de parrainer ces journées scientifiques dont la thématique est « *Frontières et gouvernance sécuritaire pour le développement économique de la République Démocratique du Congo* ». Je voudrais lui dire toute la reconnaissance des Œuvres de Don Bosco pour sa générosité et sa sollicitude. Il a toujours été attentif aux besoins des Œuvres de Don Bosco. C'est ainsi qu'il a accompagné le Projet-ÉcoPo dès sa conception et l'a assisté financièrement au cours de l'année académique 2012-2013.

Merci, enfin, au Comité d'Organisation, spécialement au Directeur Général et à la Délégation Générale des étudiants pour l'abnégation et le sérieux dans la préparation et la matérialisation du projet de ces journées scientifiques.

L'ÉcoPo est une grande école à vocation professionnelle voulue et lancée le 04 octobre 2010 par l'Asbl Œuvres de Don

Bosco. L'objectif est d'apporter une réponse à la pénurie des cadres bien formés capables de relever les défis de la gouvernance de l'État, des entités territoriales locales, des entreprises publiques et privées, pour leur développement et leur prospérité. Au demeurant, les formations proposées par l'ÉcoPo s'adressent principalement aux jeunes diplômés ayant satisfait au concours d'entrée et jugés aptes à suivre un cursus exigeant, faites des cours théoriques, travaux pratiques, visites sur terrain et de deux stages : un stage d'insertion professionnelle en entreprise et un stage professionnel. Le Cursus académique prépare les étudiants à des emplois d'encadrement et de direction des services publics, des entreprises privées, des banques et au sein de la société civile.

L'ÉcoPo-Lubumbashi vise par ailleurs à mutualiser les besoins en formation supérieure, initiale ou continue, des entreprises et des institutions. Avec le soutien des partenaires elle constituera un vivier des cadres compétents, à la hauteur des défis d'un monde en mutations rapides et en compétitivité exigeante.

Les niveaux de connaissances et de compétences visés pour l'obtention des diplômes de Licence ou des Masters professionnels sont conformes aux normes du *Processus de Bologne (Système L-M-D)* et aux exigences académiques en République Démocratique du Congo. Ils le sont par le niveau d'enseignement directement proposé, la qualité des intervenants, les ratios enseignants/étudiants utilisés ainsi que la mise en place d'un suivi, l'obligation de l'accompagnement permanent des étudiants et les types de stages proposés.

- Excellence,
- Révérendes Sœurs, Révérends Pères,
- Mesdames et Messieurs,

Pour nous Salésiens, l'ÉcoPo est un projet original et innovant dans le domaine de l'enseignement supérieur et universitaire et dans le rapport entre les entreprises et les Œuvres de Don Bosco. Pour ce faire, l'ÉcoPo doit se construire progressivement. Elle fonctionne provisoirement au sein du Collègue Imara. Mais la forte demande sociale exige que nous puissions envisager le projet de construire des locaux propres à cette grande école supérieure. Il s'agira, avec l'appui des partenaires et des bonnes volontés qui veulent nous accompagner dans l'éducation des jeunes, de bâtir un espace d'enseignement qui permettra de faire évoluer les étudiants dans un espace comprenant entre autres un fonds documentaires en ingénierie financière, en gestion des entreprises et des affaires publiques, en développement et diversification agro-alimentaires et industriels. Cet espace devra également avoir des auditoires modernes pour les cours et les conférences, les salles d'études, les terrains des jeux, etc.

La concrétisation d'un tel projet constituera un maillon du système éducatif des Salésiens. Ce système compte déjà des centres d'accueil et de rééducation des enfants en rupture familiale, des centres professionnels, des écoles techniques, des lycées, des collèges, des instituts supérieurs de philosophie, de théologie, des sciences de l'éducation, et d'informatique.

C'est donc ici l'occasion d'inviter, au nom des Œuvres de Don Bosco, les partenaires qui nous ont soutenus, de continuer à épauler l'entreprise de formation des jeunes. C'est l'avenir de notre pays ! Je souhaite vivement que la collaboration entre le Gouvernement provincial du Katanga et l'ÉcoPo s'intensifie pour l'intérêt de la Province et des jeunes.

Que Dieu bénisse tous ceux qui choisissent de se joindre aux efforts des Salésiens ! Que Dieu bénisse et accompagne l'œuvre éducative de l'École supérieure de la gouvernance économique et politique!

Que Dieu fasse planer sa paix et sa sagesse sur les intervenants et les participants aux présentes journées scientifiques afin que des propositions lumineuses soient formulées pour la paix durable et la prospérité économique de notre pays ! Je vous remercie.

Mot de bienvenue prononcé par le Directeur général de l'Ecole supérieure de la gouvernance économique et politique

- Excellence Monsieur le Vice-gouverneur,
- Messieurs les Ministères,
- Révérendes Sœurs,
- Révérends Pères,
- Mesdames, Messieurs,

Si le jour le plus sombre est vécu avec courage jusqu'au lendemain, a dit le penseur Julien Kilanga, il sera également passé. Laissons les jours sombres passer et s'immerger dans l'acceptation qui guérit nos blessures, nos frustrations et nos humiliations. La porte du futur nous attend. C'est une loi de la vie que lorsqu'une porte se ferme, une autre s'ouvre. Ne passons pas trop de temps à regarder avec regrets vers une porte fermée, alors que nous devrions chercher la porte ouverte et continuer à avancer. En parlant du courage, le penseur entendait désigner l'« *aphronesis* », c'est-à-dire la prudence raisonnée. Parce qu'il le savait sans doute pour avoir lu *La Guerre de Troie n'aura pas lieu* de Jean Giraudoux : « les nations autant que les hommes meurent d'imperceptibles impolitesses. C'est à leur façon d'éternuer ou d'éculer leurs talons que se reconnaissent les *peuples* condamnés ».

À l'École supérieure de la gouvernance économique et politique, œuvre de Don Bosco, nous avons compris la leçon. Nous sommes une génération qui a compris que crier, gémir, pleurer, c'est aussi lâche. Nous avons pris conscience des défis de notre sécurité et de notre développement économique en tant que pays. Au demeurant, nous cessons de rêver et de penser que notre bonheur se construit sans notre propre effort, dans les capitales africaines, occidentales ou asiatiques. Notre salut, c'est d'abord et surtout nous-mêmes, *hic et nunc*, tirant les leçons de nos complaisances, de nos turpitudes, de nos gâchis politiques, économiques et intellectuelles. Notre solution c'est le travail réalisé avec discipline, excellence et responsabilité. Ainsi que l'indiquait le président Joseph Kabila Kabange, le 21 mai 2002, au détour d'une réponse à une question d'un journaliste de la radiotélévision nationale congolaise, il nous faut travailler et travailler davantage pour aller de l'avant. Celui qui ne travaille pas finira par devenir un esclave.

Intitulées *Frontières et gouvernance sécuritaire pour le développement économique de la République Démocratique du Congo*, les présentes journées scientifiques nous servent de prétexte pour travailler, en réfléchissant sur les défis qui se posent à nous en tant que pays confronté aux guerres, aux multiples formes de criminalité, aux hésitations politiques et à la crise financière.

Un esprit éclectique ferait remarquait que des réflexions abondent sur les problèmes auxquels le Congo fait face. Il conseillerait même le renoncement comme viatique. Nous dirions que le chercheur n'est pas un blasé pour qui le temps piétine, qu'il croit avoir tout vu, tout entendu qu'il pense ne plus faire un seul pas en avant sans marcher sur les pas de ses prédécesseurs. Le pays est une réalité qu'il faut plébisciter chaque jour. Il demande de l'abnégation, de la discipline, du travail, chaque jour. Aussi sommes-nous profondément reconnaissant envers tous ceux qui ont cru en ces journées scientifiques et qui ont soutenu sa matérialisation. Il s'agit du Gouverneur de la Province du Katanga, l'Honorable Moïse Katumbi Chapwe, les Membres du Gouvernement provincial du Katanga, particulièrement le Ministre provincial de l'intérieur, Jean-Marie Dikanga Kazadi.

Nous disons merci et bienvenue, à l'École supérieure de la gouvernance économique et politique, à tous ceux qui se sont arrachées à leurs obligations professionnelles pour venir intervenir ou participer à ces journées. Il s'agit de :

- Son Excellence Edmond Mbaz, Ministre et représentant du Gouverneur du Katanga ;
- Les Députés provinciaux ;
- Les Ministres provinciaux ;
- Les membres du Conseil provincial de sécurité ;

- Monseigneur Gaston Ruvezi qui a accepté de venir apporter sa sagesse pastorale à ces journées ;
- Le Pasteur principal de l'église méthodiste unie, monsieur Kasongo Mutombo ;
- Les Révérendes Sœurs supérieures et les révérends pères ;

Nous voudrions souhaiter spécialement la bienvenue à nos intervenants. Il s'agit de :

- Kaumba Lufunda, criminologue et docteur en Philosophie ; ancien Recteur de l'université de Lubumbashi, ancien Conseiller spécial du Chef de l'État en matière de sécurité et actuellement Directeur de cabinet du Ministre national de l'intérieur et de la sécurité.
- Jean-Marie Dikanga Kazadi, docteur en sciences de l'information et de la communication ; Ministre provincial de l'intérieur.
- Eddie Tambwe, professeur des universités, docteur en sociologie du pouvoir, directeur de la revue « Dounia », qui paraît en Europe, et Directeur de collection « Compte rendu » aux Éditions L'Harmattan, en France. Il donnera inaugurale, en lieu et place du professeur Kaumba Lufunda, philosophe et criminologue appelé à remplir d'autres devoirs patriotiques urgents à Kananga.
- Boubacar Tankaono, citoyen sénégalais, docteur en droit de l'université Paris I Panthéon, Responsable du Bureau des affaires politiques de la Monusco à Kalemie.
- Monsieur Akpalou, Responsable du Bureau des affaires politiques de la Monusco à Lubumbashi.
- Révérende Sœur Charlotte Bizige : Recteur de l'Institut facultaire Malkia.
- Philippe Biyoya, Docteur en Relations internationales, professeur aux universités, géo-politologue et directeur du Centre d'études politiques en Afrique centrale.
- Donatien Dibwe dia Mwembu, docteur en Histoire, professeur à l'université de Lubumbashi et à École supérieure de la gouvernance économique et politique, membre correspondant de l'Académie royale des sciences d'Outre-mer.

- Ildefonse Chabu Mumba, docteur en Géologie, Recteur de l'université de Lubumbashi, Président de la Conférence des Chefs des établissements de l'enseignement supérieur et universitaire du Katanga.
- François Lubala Toto, docteur en Géologie, professeur et Doyen à la Faculté des Sciences de l'Université de Lubumbashi, ancien Directeur général de la Commission nationale de l'énergie atomique.
- Révérend Père François Muhigirhwa, docteur en philosophie, ancien rédacteur en chef de la célèbre revue des jésuites « Congo-Afrique ».
- Germain Ngoie Tshibambe, docteur en Relations internationales, professeur et Doyen à la Faculté des sciences sociales, politiques et administratives de l'université de Lubumbashi.
- Gaspard Muheme Bagalwa, docteur en économie populaire de l'université de Laval au Canada, professeur à l'université de Lubumbashi et à EcoPo.
- Adalbert Kitopi Kimpinde, docteur en droit public, professeur à l'université de Lubumbashi et à l'EcoPo, Directeur de cabinet du Ministre provincial de la Santé.
- Aimé Ngoi Mukena, docteur en philosophie de l'université de Lausanne, ancien Gouverneur de la province du Katanga, Député honoraire, membre du Conseil d'administration de la SNCC ; professeur à l'université de Lubumbashi.
- Michel Mamalingas : docteur en économie, Administrateur d'entreprise, professeur et Secrétaire général administratif à l'EcoPo.

Nous remercions aussi tous les membres du Comité scientifique et du Comité d'organisation, spécialement Auguet Kabwit et tous les étudiants qui ont accepté de travail pour la concrétisation de ces journées scientifiques. Merci à Kalenge Yantumbi et à Firmin Maloba, les rapporteurs de ces assises. Un invité vient du Ministère national de l'enseignement supérieur, universitaire et de la recherche scientifique, et deux personnalités viennent du Secrétariat général à l'enseignement supérieur et universitaire. Merci pour votre participation !

Discours d'ouverture prononcé par Monsieur Yav Tshibal, Vice-Gouverneur de la province du Katanga

- Messieurs les Ministres,
- Monseigneur,
- Révérendes Sœurs,
- Révérends Pères,
- Mesdames et Messieurs,
  à vos qualités et titres respectifs,

Après la Conférence sur les ressources minières, honorée par la présence de Son Excellence Joseph Kabila Kabange, Chef de l'État, la Province du Katanga accueille à nouveau les journées scientifiques qui portent sur un thème d'actualité, à savoir : « Frontières et gouvernance sécuritaire pour le développement économie de la République Démocratique du Congo ».

Ce thème est actuel. Car la relance et le développement économique de notre pays ne peuvent être dissociés de la question d'une paix durable, elle-même indissociable du projet de la réforme du secteur de sécurité. L'objectif de cette réforme déjà amorcée par le Gouvernement national est de défendre davantage le pays, non seulement contre les agressions et les bandits de tous genres, mais aussi de renfoncer la protection de l'ordre public, de garantir la paix et de rassurer les investisseurs et les différents partenaires.

Ce thème est intéressant. Il mobilise différents acteurs de l'enseignement, de la gestion de l'État, des institutions privées et de la Monusco sur des questions vitales. Il s'agit notamment des questions de la gestion des frontières, de la construction de la paix, du renforcement de la démocratie, de la place et du rôle des entreprises privées dans le développement économique de la Province, du rôle de la Monusco dans la protection des populations civiles et de l'assomption des conflits par une réconciliation fraternelle et patriotique. J'invite les intervenants et les participants à échanger leurs connaissances et leurs expériences professionnelles afin de formuler, dans la Déclaration finale de Lubumbashi, des propositions utiles pour l'accompagnement des efforts de la Province et de la République Démocratique du Congo dans la matérialisation de la Révolution de la modernité. Je salue la parfaite collaboration entre les Salésiens de Don Bosco, à travers l'École supérieure de la gouvernance économique et politique, et le Gouvernement provincial. La Province a encouragé l'ouverture de cette école, parce que celle-ci constitue un projet original et innovant dans le domaine de l'enseignement. Il s'agit d'une école supérieure pilote dont la vocation est de former des jeunes cadres en ingénierie financière et diversification agro-alimentaires et industriels aux bénéfices des entreprises privées et publiques, et de l'Administration. L'ÉcoPo pourra toujours compter sur le soutien du Gouvernement provincial du Katanga.

Je souhaite aux intervenants venus de l'Europe, de Kinshasa et de Kalemie un agréable séjour à Lubumbashi !

Je présente, enfin, les félicitations de mon Gouvernement à tous les chrétiens catholiques à l'occasion de l'élection du Pape François. Je déclare donc ouvertes les journées scientifiques organisées par le Ministère provincial de l'intérieur et l'École supérieure de la gouvernance économique et politique !

Discours de remerciements prononcé Par le révérend père Jean-Claude Ngoy, Représentant légal des œuvres de Don Bosco,

- Excellence Monsieur le Ministre,
  Représentant du Gouverneur de Province,
- Honorables Députés,
- Révérends Abbés,
- Révérends Pères,
- Révérendes Sœurs,
- Monsieur le Directeur Général de l'EcoPo,
- Messieurs les intervenants,
- Mesdames et Messieurs les participants,
- Distingués invités en vos qualités et titres respectifs,
- Chers étudiants,

Nous arrivons au terme de ces journées scientifiques organisées par le Ministère provincial de l'intérieur et notre école supérieure de la gouvernance économique et politique (EcoPo), du 18 et 19 mars 2013. Au nom des Œuvres de Don Bosco et au mien propre, je voudrais dire à chacun d'entre vous « merci » d'avoir accepté de venir vers nous, ici, dans cette institution salésienne, pour réfléchir et échanger sur des questions vitales en rapport avec la situation sécuritaire et économique de la République démocratique du Congo.

Durant deux jours, pour certains, et plus de deux jours pour d'autres, vous vous êtes arrachés à vos obligations professionnelles. Vous avez compris qu'il était nécessaire de penser notre existence au sein d'un État qui nous est cher, et que nous avons l'obligation de protéger et de développer.

Je salue les communications de haute qualité faites par des éminents professeurs et les experts de la Monusco, choisis par le Directeur Général de l'École supérieure de la gouvernance économique (EcoPo). Tous, se sont révélés à la hauteur des attentes des participants. Les échanges que les communications ont suscités, ont été fort enrichissants et instructifs. Ils ont permis aux uns et aux autres de comprendre leurs responsabilités et priorités en tant que citoyens ou acteurs agissant à différents niveaux au sein de la société congolaise pour construire la paix et conjuguer les efforts pour la relance économique du pays.

Je vous redis ma satisfaction en tant que Représentant légal des Œuvres de Don Bosco en Afrique centrale de l'excellente qualité de l'organisation et du déroulement des travaux. Aussi devrais-je redire merci à Son Excellence, Moïse Katumbi Chapwe, Gouverneur de la Province du Katanga, d'avoir fait confiance, par l'intermédiaire du Ministère provincial de l'intérieur, à l'Ecole supérieure de la gouvernance économique et politique. Merci au Ministre Jean-Marie Dikanga Kazadi qui, malgré ses multiples charges, se montre disponible pour former les étudiants de l'EcoPo et qui a fait confiance au Directeur Général de l'EcoPo, Emmanuel Banywesize, pour concrétiser scientifiquement et matériellement ce colloque. Que Christian Mwenze, Conseiller politique du Ministre provincial de l'intérieur soit remercié pour sa disponibilité et ses conseils le long de ces journées scientifiques.

Avant de dire au revoir aux intervenants venus de Kinshasa, d'Europe, de Kalemie, de Kasumbalesa, des services spécialisés, de l'administration publique, je voudrais rappeler le projet qui nous habite, nous Salésiens de Don Bosco, au sujet de l'École supérieure de la gouvernance économique et politique.

L'ÉcoPo est une grande école dont le leitmotiv est l'excellence. Elle se voue à la formation scientifique et professionnelle des cadres capables de relever les défis liés à la bonne gouvernance des entreprises, des entités administratives et du secteur agro-alimentaire et industriel. Elle fonctionne provisoirement au sein du Collègue Imara. Mais nous pensons à la mobilisation des moyens financiers nécessaires en vue de la construction des auditoires modernes et d'un espace comprenant entre autres un fonds documentaire en ingénierie financière, en gestion des entreprises et des affaires publiques, en développement et diversification agro-alimentaires et industriels.

La concrétisation d'un tel projet constituera un maillon du système éducatif des Salésiens pour l'avenir de notre pays. Je réitère mon invitation aux partenaires et aux bonnes volontés de se joindre à nous pour offrir à la jeunesse la chance d'être formée au diapason des défis et des mutations du monde. Si nous voulons un Congo meilleur, éduquons, formons les jeunes.

Que Dieu bénisse tous ceux qui choisissent de se joindre aux efforts des Salésiens ! Que Dieu bénisse les intervenants, les invités et les participants aux premières journées de l'École supérieure de la gouvernance économique et politique dans son histoire. Au revoir et à très bientôt à ÉcoPo !

La République démocratique du Congo aux éditions L'Harmattan

Dernières parutions

DÉVELOPPEMENT RÉGIONAL EN RÉPUBLIQUE DÉMOCRATIQUE DU CONGO DE 1960 À 1997
L'exemple du Kwango-Kwilu
Mashini D.M. Jean-Claude
Cet ouvrage pose la question du développement régional au Congo (ex-Zaïre), à partir de l'exemple du Kwango-Kwilu, pour la période allant de 1960 à 1997, deux dates importantes dans l'histoire sociopolitique du pays. Cette étude met en évidence des mécanismes de sous-développement et des stratégies de blocage d'une région en dépression en Afrique noire. L'avenir est à envisager dans le cadre d'une autonomie régionale bien comprise.
(Coll. Etudes africaines, 36.00 euros, 348 p.)
ISBN : 978-2-296-99773-8, ISBN EBOOK : 978-2-296-51587-1

VIOLENCES SEXUELLES, RÉGIME JURIDIQUE ET LIMITES À LA RÉPRESSION DE CES CRIMES EN RDC
Mapatano Karume Joël
En temps de guerre, les viols deviennent une arme stratégique, une façon d'affirmer l'occupation d'un territoire, une forme de représailles ou d'humiliation de l'ennemi vaincu ; bref, ces actes sèment la terreur parmi les populations civiles. La plupart de ces violences correspondent à des crimes contre l'humanité. Pendant les récents conflits en République démocratique du Congo, les violences sexuelles ont pris des proportions inquiétantes, au point de devenir un outil ordinaire de guerre...
(Coll. Harmattan Italia, 24.00 euros, 176 p.)
ISBN : 978-2-336-00028-2, ISBN EBOOK : 978-2-296-51611-3

QUEL EST LE MEILLEUR SYSTÈME POLITIQUE POUR LA RÉPUBLIQUE DÉMOCRATIQUE DU CONGO : FÉDÉRALISME, RÉGIONALISME, DÉCENTRALISATION ?
Tshiyembe Mwayila
Qu'est-ce que le fédéralisme apporterait de plus à la RDC que le régionalisme politique et la décentralisation en vigueur ? L'auteur privilégie une analyse comparée et s'attache à dégager les fondements de ces différents systèmes politiques aux USA, en France, en Espagne, en Italie, au Canada et en Belgique ; il autopsie le régionalisme politique et la décentralisation de l'État congolais en examinant les atouts potentiels de ce système.
(Coll. Géopolitique mondiale, 13.50 euros, 122 p.)
ISBN : 978-2-336-00645-1, ISBN EBOOK : 978-2-296-51187-3

DROIT CONSTITUTIONNEL ET POUVOIR EXÉCUTIF EN RDC
1re et 3e Républiques
Makengo Nkutu Alphonse
Cet ouvrage présente de manière claire et synthétique l'examen de la théorie générale du droit constitutionnel et les pouvoirs exécutifs sous la 1re et la 3e République en République démocratique du Congo. Le lecteur y trouvera de nombreuses explications permettant de comprendre l'État, la Constitution, le pouvoir politique et les pouvoirs exécutifs durant ces périodes. La première partie développe la théorie générale du droit constitutionnel et la seconde analyse les pouvoirs exécutifs.
(Coll. Études africaines, 13.50 euros, 132 p.)
ISBN : 978-2-336-00817-2, ISBN EBOOK : 978-2-296-51182-8

INDUSTRIE (L') MINÉRALE CONGOLAISE
Chiffres et défis Tome 1
Monti Léonide Mupepele ; Préface de Jean-Pierre Tshibangu ; postface de Jean-Claude Masangu
Dans ce livre, toutes les ressources du sous-sol congolais, jugées exploitables, regroupées en ressources minières, hydrocarbures et matériaux de construction sont passées en revue. Quelles sont ces ressources ? A quels usages sont-elles destinées ? Où les trouve-t-on en RD Congo ? Quelles sont les réserves de la RDC et des pays du monde ? Quels sont les opérateurs miniers qui assurent la mise en valeur des exploitations ?
(Coll. Harmattan RDC, 32.00 euros, 322 p.)
ISBN : 978-2-336-00216-3, ISBN EBOOK : 978-2-296-50897-2

UNE SEMAINE MÉMORABLE
Qui a tué Laurent-Désiré Kabila ?
Finia Buassa Serge
En 2001 en RDC survint la disparition mystérieuse de son président Mzee Kabila. Une dizaine d'années plus tard, jugé sur les actes, le fils, placé à la tête du pays, n'a pas su relever le défi : il bloque l'alternance au pouvoir, l'intérêt particulier s'impose à l'intérêt général, le pays est toujours perméable aux attaques armées, il viole les droits des congolais, dont celui de savoir qui a tué Laurent Désiré Kabila.
(Coll. Ecrire l'Afrique, 14.50 euros, 142 p.)
ISBN : 978-2-296-99508-6, ISBN EBOOK : 978-2-296-50999-3

RESSOURCES (LES) NATURELLES DANS LES CONFLITS ARMÉS EN RÉPUBLIQUE DÉMOCRATIQUE DU CONGO
Owona Mfegue Félicité Kourra - Préface de Joseph Owona
Tout à la fois chronique des événements récents et analyse des aspects juridiques de l'exploitation illégale des ressources en RDC, cet ouvrage s'attache à déceler les signes de la fin de l'hypothèque géante sur les ressources du pays et les promesses de reconstruction de ce Congo-continent.
(Coll. Défense, Stratégie et Relations Internationales, 24.50 euros, 246 p.)
ISBN : 978-2-336-00177-7, ISBN EBOOK : 978-2-296-50996-2

DÉMOCRATIE, FEMME ET SOCIÉTÉ CIVILE EN AFRIQUE
Ngoma-Binda P.
Cet ouvrage indique que la démocratie politique, reconnue être force civilisatrice des nations, réclame pourtant d'être elle-même civilisée. Mais le succès de la civilisation de la politique est aussi lié à la condition nécessaire de la vie préalable pour l'individu, homme et femme, de la société civile et de la politique, de la plénitude de sa citoyenneté au sein de l'espace public. Les matériaux d'analyse et de réflexion proviennent des efforts de la femme et de la société civile du Congo.
(Coll. Comptes Rendus, 18.00 euros, 170 p.)
ISBN : 978-2-336-00233-0, ISBN EBOOK : 978-2-296-51005-0

DE GAULLE ET MOBUTU – Deux figures paradoxales en quête de stabilité politique
Kirongozi Bometa Mathieu - Préface de Mwayila Tshiyembe
Cet ouvrage s'attaque à l'un des paradigmes fondateurs de la sociologie politique contemporaine : la stabilité politique comme antithèse de l'instabilité politique. Le cas de la France et du Zaïre, deux pays sortis meurtris de la Seconde Guerre mondiale et de la crise de la décolonisation, dirigés par deux chefs militaires, De Gaulle et Mobutu, en est une illustration. En quête de stabilité politique, le premier optera pour la démocratie et le second pour la dictature.
(Coll. Géopolitique mondiale, 20.00 euros, 196 p.)
ISBN : 978-2-336-00492-1, ISBN EBOOK : 978-2-296-50979-5

PREMIÈRES ÉLECTIONS PLURALISTES POST-MOBUTU
(Bukavu, R. D. Congo 2006)
Makuta Mwambusa Pacifique
De la symbolique électorale de 2006, il ressort qu'à Bukavu, les symboles ont rempli deux fonctions notamment de participation et de communication politiques. L'usage des symboles

que les acteurs connaissent et comprennent est essentiel pour gagner les suffrages. Dans ce livre sont analysées les multiples formes d'identification mobilisées par les compétiteurs et leurs partisans durant la campagne électorale.
(Coll. La Région des Grands Lacs Africains, 18.00 euros, 156 p.)
ISBN : 978-2-296-12991-7, ISBN EBOOK : 978-2-296-50959-7

RÉVOLUTION (LA) DU POUVOIR-FAIRE – Pour une économie du bien commun au Congo
Mumengi Didier
Il n'y a ni pays prédestiné au développement, ni peuple condamné au sous-développement. Comment bâtir un environnement national propice au partage des connaissances essentielles ? Cet ouvrage met en exergue le besoin de transformation des structures éducationnelles, formatives et culturelles, afin que la société congolaise accède à une vie nationale intellectuellement et professionnellement aussi performante qu'épanouissante.
(Coll. Comptes Rendus, 36.00 euros, 354 p.)
ISBN : 978-2-336-00225-5, ISBN EBOOK : 978-2-296-50797-5

ETATS-UNIS (LES) DU BASSIN DU CONGO – Une éco-région pour un co-développement
Mumengi Didier
La reconstruction de l'Afrique centrale dévastée plaide pour un changement de regard tant sur ce qui fait la richesse d'une région que sur ce qui devrait dorénavant faire valeur pour l'Afrique centrale. Cet ouvrage lance l'idée des États-Unis du Bassin du Congo comme un projet de «co-développement» pour cette partie médiane de l'Afrique façonnée par la nature pour être une éco-région confédérale.
(Coll. Comptes Rendus, 22.00 euros, 220 p.)
ISBN : 978-2-336-00224-8, ISBN EBOOK : 978-2-296-50796-8

MASSACRE DE LUBUMBASHI (11-12 MAI 1990)
Koyagialo Ngbase Te Gerengbo Louis Alphonse
Ce livre revient sur les circonstances de ce drame de mai 1990 : une rixe entre étudiants, à caractère ethnico-politique, sur fond de fin de régime dictatorial du président Mobutu. L'auteur souligne l'iniquité du procès et décrit ses années de prison et sa réhabilitation dans l'opinion. Dirigeant politico-administratif sous le mobutisme, il est aujourd'hui un pilier du nouveau régime mené par le président J. Kabila.
(Coll. Mémoires lieux de savoir, 22.00 euros, 222 p.)
ISBN : 978-2-296-12990-0, ISBN EBOOK : 978-2-296-50743-2

RÉGIMES (LES) POLITIQUES CONGOLAIS ET FRANÇAIS – Une analyse comparative
Kalombo Francis
Dans ce livre, l'auteur tente de confronter le régime politique congolais au régime français, afin d'examiner si les deux modèles sont conformes et /ou totalement identiques, sans négliger les points de dissemblance. Le propos du livre vient rappeler la complexité, la richesse et la profondeur des relations entre la France et la RDC.
(Coll. Comptes Rendus, 19.00 euros, 186 p.)
ISBN : 978-2-336-00217-0, ISBN EBOOK : 978-2-296-50688-6

STRATÉGIE DE DÉVELOPPEMENT DE L'ENSEIGNEMENT PRIMAIRE, SECONDAIRE ET PROFESSIONNEL DE LA RÉPUBLIQUE DÉMOCRATIQUE DU CONGO (2010-2011 - 2015-2016)
Ministère de l'Enseignement Primaire, Secondaire et Professionnel - Préface de Joseph Kabila, Président de la République
L'enjeu de la stratégie de développement de l'enseignement primaire, secondaire et professionnel concoctée par le gouvernement congolais est d'adapter l'offre d'éducation et de formation non seulement à la demande sociale du pays, mais également à la demande de l'excellence imposée par la révolution scientifique et technologique et par la compétition entre les savoirs et les nations, à l'échelle mondiale.
(Coll. Géopolitique mondiale, 15.00 euros, 126 p.)
ISBN : 978-2-336-00164-7, ISBN EBOOK : 978-2-296-50776-0

BLOCAGE (LE) DES TÉLÉCOMMUNICATIONS AU CONGO-ZAÏRE
Bukassa Ambroise V.
L'auteur analyse l'état des télécommunications du Congo-Zaïre. Aucun progrès n'est réalisable sans l'échange et la circulation rapide de l'information. Notant que le pays ne peut se dérober à son devoir de progrès, l'auteur scrute les voies et les angles du virage à prendre pour la maîtrise des télécommunications servant l'envol du pays.
(Coll. Géopolitique mondiale, 27.00 euros, 264 p.)
ISBN : 978-2-296-96263-7, ISBN EBOOK : 978-2-296-50666-4

PREMIÈRE (LA) GUERRE DU CONGO-ZAÏRE (1996-1997)
Récits de soldats AFDL et FAR
Coordonné par Jewsiewicki Bogumil
À travers des récits de soldats, recueillis en 1997, cet ouvrage retrace en deux parties le périple des vainqueurs de l'AFDL (Alliance des Forces Démocratiques pour la Liberté du Congo) et celui des vaincus des FAR-Interahamwe (Forces Armées Rwandaises).
(Coll. Mémoires lieux de savoir, 16.00 euros, 172 p.)
ISBN : 978-2-296-12987-0, ISBN EBOOK : 978-2-296-50383-0

ETAT (L') AU MONOPOLE ÉCLATÉ
Aux origines de la violence en RD Congo
Aundu Matsanza Guy
Cette étude montre que l'État non seulement subsiste comme autrefois dans l'histoire, mais connaît aussi une mutation de ses fondements pour s'adapter aux transformations de son environnement. A travers le cas de la RDC, l'auteur décrit ces bouleversements en démontrant l'emprise des individus et des réseaux sur les institutions.
(Coll. La Région des Grands Lacs Africains, 18.00 euros, 194 p.)
ISBN : 978-2-296-12989-4, ISBN EBOOK : 978-2-296-50385-4

SYSTÈME (LE) SCOLAIRE AU CONGO-KINSHASA
De la centralisation bureaucratique à l'autonomie des services
Bavuidinsi Matondo Andoche - Préface de Bruno Bordignon
L'école congolaise traverse une crise. De l'irruption brutale de la puissance coloniale belge à nos jours, elle est toujours gérée de manière bureaucratique. Ce système, inspiré de Max Weber et de Taylor, a produit une école improductive, inefficace et inéquitable. Pour pallier cette crise, le livre propose l'autonomisation du service scolaire comme un dispositif révolutionnaire efficace pour construire durablement une école de qualité.
(Coll. Études africaines, 32.50 euros, 316 p.)
ISBN : 9782-296-99457-7, ISBN EBOOK : 9782-296-50086-0

CONGO (RDC) – De la conférence nationale aux élections de novembre 2011
Palabres 0, 12, 0
Sous la direction de Polydor-Edgar Kabeya
Le cheminement vers la démocratie au Congo-ex Zaïre est ponctué depuis vingt-deux ans par des avancées et des pesanteurs politiques : le discours du 24 avril 1990 de Joseph-Désiré Mobutu, l'organisation de la Conférence nationale (août 1991 – décembre 1992), la prise du pouvoir (en mai 1997) par L.-D. Kabila ; la cooptation – après l'assassinat de ce dernier – de son fils, Joseph, à la magistrature suprême. La moralisation de la vie politique, la bonne gouvernance, le respect des droits humains, la justice sociale, la sécurité des personnes et des biens, autant de chantiers qui restent en friche...
(11.50 euros, 76 p.) *ISBN : 978-2-296-99462-1, ISBN EBOOK : 978-2-296-50222-2*

L'HARMATTAN, ITALIA
Via Degli Artisti 15; 10124 Torino

L'HARMATTAN HONGRIE
Könyvesbolt ; Kossuth L. u. 14-16
1053 Budapest

ESPACE L'HARMATTAN KINSHASA
Faculté des Sciences sociales,
politiques et administratives
BP243, KIN XI
Université de Kinshasa

L'HARMATTAN CONGO
67, av. E. P. Lumumba
Bât. – Congo Pharmacie (Bib. Nat.)
BP2874 Brazzaville
harmattan.congo@yahoo.fr

L'HARMATTAN GUINÉE
Almamya Rue KA 028, en face du restaurant Le Cèdre
OKB agency BP 3470 Conakry
(00224) 60 20 85 08
harmattanguinee@yahoo.fr

L'HARMATTAN CAMEROUN
BP 11486
Face à la SNI, immeuble Don Bosco
Yaoundé
(00237) 99 76 61 66
harmattancam@yahoo.fr

L'HARMATTAN CÔTE D'IVOIRE
Résidence Karl / cité des arts
Abidjan-Cocody 03 BP 1588 Abidjan 03
(00225) 05 77 87 31
etien_nda@yahoo.fr

L'HARMATTAN MAURITANIE
Espace El Kettab du livre francophone
N° 472 avenue du Palais des Congrès
BP 316 Nouakchott
(00222) 63 25 980

L'HARMATTAN SÉNÉGAL
« Villa Rose », rue de Diourbel X G, Point E
BP 45034 Dakar FANN
(00221) 33 825 98 58 / 77 242 25 08
senharmattan@gmail.com

L'HARMATTAN TOGO
1771, Bd du 13 janvier
BP 414 Lomé
Tél : 00 228 2201792
gerry@taama.net

www.ingramcontent.com/pod-product-compliance
Lightning Source LLC
LaVergne TN
LVHW011023061026
849535LV00006B/2032
* 9 7 8 2 3 3 6 2 9 7 6 1 3 *